A Therapist View of Psychotherapy

On Becoming a Person

当代世界学术名著 • 心理学系列

主编 李绍昆

卡尔·罗杰斯：对话录

Carl Rogers : Dialogues

[美] 霍华德·基尔申鲍姆 Howard Kirschenbaum 瓦莱丽·兰德·亨德森 Valerie Land Henderson /编

史可鉴 /译

中国人民大学出版社

·北京·

Carl R. Rogers

“这个世界将是更人性的，也将是更人道的。”

“当代世界学术名著”
出版说明

中华民族历来有海纳百川的宽阔胸怀，她在创造灿烂文明的同时，不断吸纳整个人类文明的精华，滋养、壮大和发展自己。当前，全球化使得人类文明之间的相互交流和影响进一步加强，互动效应更为明显。以世界眼光和开放的视野，引介世界各国的优秀哲学社会科学的前沿成果，服务于我国的社会主义现代化建设，服务于我国的科教兴国战略，是新中国出版工作的优良传统，也是中国当代出版工作者的重要使命。

我社历来注重对国外哲学社会科学成果的译介工作，所出版的“经济科学译丛”、“工商管理经典译丛”等系列译丛受到社会广泛欢迎。这些译丛多侧重于西方经典性教材，本套丛书则旨在迻译国外当代学术名著。所谓“当代”，我们一般指近几十年发表的著作；所谓“名著”，是指这些著作在该领域产生巨大影响并被各类文献反复引用，成为研究者的必读著作。这套丛书拟按学科划分为若干个子系列，经过不断的筛选和积累，将成为当代的“汉译世界学术名著丛书”，成为读书人的精神殿堂。

由于所选著作距今时日较短，未经历史的充分淘洗，加之判断标准的见仁见智，以及我们选择眼光的局限，这项工作肯定难以尽如人意。我们期待着海内外学界积极参与，并对我们的工作提出宝贵的意见和建议。我们深信，经过学界同仁和出版者的共同努力，这套丛书必将日臻完善。

中国人民大学出版社

总　　序

20世纪是科学的天下，而心理学更是从哲学卓然独立自主了。20世纪初叶，在冯特（W. Wundt，1832—1920）和弗洛伊德（S. Freud，1856—1939）的倡导下，科学心理学诞生了，有人称之为西方心理学的第一势力。20世纪中叶，在华生（J. B. Watson，1878—1958）和斯金纳（B. F. Skinner，1904—1990）的鼓吹下，行为主义心理学开花结果了，有人称之为西方心理学的第二势力。第二次世界大战之后，经历了朝越两次战争，美国在心理上失去了信心，开始向欧洲和亚洲寻找人文典范，罗杰斯（Carl Rogers，1902—1987）和罗洛·梅（Rollo May，1909—1994）开创了人本心理学，有人称之为第三势力。20世纪70年代以后，在马斯洛（A. Maslaw，1908—1970）和沈娥（June Singer，1918—2004）启发之下，人本心理学与精神心理学合流了，有人称之为心理学的第四势力。

中国的心理学界跟着西方的主流亦步亦趋，因而对第一势力和第二势力的专著翻译有如雨后春笋，而对第三势力和第四势力作品的译介则有如凤毛麟角。有见于此，我们就想把翻译的主要对象限制在后者之内，但也欢迎其他的经典作品以及超越于第三势力、第四势力之外的名著。

当代的“心理学名著”绝不局限于美国。我们计划在今后若干年内再挑选出25部作品，挑选标准是这些作品在心理学界“产生巨大影响并被各类文献反复引用，成为研究者的必读著作”。只因所知有限，而且眼光不足，因此诚恳地欢迎同行的专家和广大的读者群，给我们提供一些“名著”，以便纳入我们今后翻译的新书目之中。

最后，我要节录三段当代心理学家的名言来作本序的结束：

罗杰斯是中国文化的知音，他曾两次访问中国，而对未来的人类抱着最大的也最乐观的看法。他从人本心理学出发，不但描绘了明天世界的轮廓，更刻画了明天人类的特质。他说：

> 这个新世界将是更人性的，也将是更人道的。它将探索并发展人心与精神的甘美和潜能。它将制作更完整更完善的个体。它将成为一个更尊重个人的世界，它将更珍惜这最宝贵的资源。它将成为一个更自然的世界，一个对自然更爱护更尊重的世界。它将发展一种更具人性的科学，一种奠基在新观念上的而又不太僵硬的科学。新世界的科技将以增进人类和自然的和谐为目的，而不是助长对它们的剥削。由于个人感受到自己有权、有能、有自由，新世界将得到创造性的解放。
>
> 科学改革的风、社会改革的风以及文化改革的风，都在强烈地吹着。这些风会将我们卷起，吹向那明天的新世界，就是那刚才描述过的新世界。这新世界的中心就是我描述的那一群明天的人类。
>
> 这就是以人为中心的未来的电影剧本。我们可以选择，至于我们选择与否，它似乎已在顽强地改变着我们的文化。这些改变正朝着人性化的方面迈进。①

马斯洛则是老庄的神交。他在其两部名著《科学的心理学》及《人性的远征》里都曾讨论了“道家的客观性”。他认为，传统的客观性和道家的客观性有本质上的差异。他说：

> 客观性在传统的观念上指的是早期学术界对事物的科学处理以及他们对无生物的研究。当我们观察外界的事物时，排除了个人的愿望、恐惧和希望时，我们自以为客观；当我们将自己可疑的愿望以及超自然的神明也排除了，我们仍旧自以为很客观。这就是我们

---

① 转引自李绍昆：《美国的心理学界》，76～77页，北京，商务印书馆，2000。

现代科学之所以能跨出的一大步。

20世纪不能想象的，今日的有生物更倾向于较好的健康，较好的成长以及较大的成功。总的来讲，这是反权威，这是反控制。在我看来，这简直在向道家的观点之核心推进，不仅在当今的环保学研究上以及人种学研究上我们减少了干涉和控制；而且，在人的尊严上，也表示信任儿童自己个人的感受，去追求更大的成长和自我实现。这就是说，我们要重视的是“自然自在”，是“自动自发”，而不是事先预测，更不是外在掌控。①

沈娥更是世界文化的鼓吹者。她的著作涵盖了欧洲的哲学、美国的科学以及东方的宗教学。她引述了怀德海的言论，也转述了艾里斯的性说，更认同了德日进（P. T. deChardin）的进化新论。她说：

哲学家怀德海（Alfred Whitehead）常说：“我们对中国的艺术、文学与人生哲学知道越多，就会越羡慕这个文化所达到的高度。……从历史的绵延与影响的广度来看，中国的文明是世界上自古以来最伟大的文明。”

心理学家艾里斯（Hodelock Ellis）则说：“性的科学，也有人叫做性学，和医科的其他学科不同，就是它的范围很难确定。它的边疆是没有一定的界石。从它的中心射出了许多光芒，光芒所至不但是医科的各部门，甚至达到了和医学不相干的学术领域。它实在和全人类的文化有关系。顺着这道光芒走，我们会接触到许多传统的思想和习惯，而道德和宗教也可以影响它。”②

最后，沈娥引用了曾在北京和天津工作过的德日进神父的名言。他说：“有一天，在我们能御风浪，能止潮汐，能阻吸力之后，我们就会向爱之活力的上帝进攻。于是，世界历史将开启第二纪元，人已找到了火焰。”③

① 转引自李绍昆：《美国的心理学界》，125页。
② 转引自上书，142～143页。
③ 转引自上书，143页。

亲爱的读者，我们诚恳地希望，借着这个“当代世界学术名著·心理学系列”，你会更加珍惜人类精神文明的优异成果；你既可从中发现兽性的活力，更能感受人性的温暖和神性的光芒；你就会“为天地立心，为生民立命，为往圣继绝学，为万世开太平”！

李绍昆

2004-06-01

于武汉南湖之北

目　录

1 序 言

卡尔·罗杰斯（Garl Rogers），在其整个职业生涯中，都致力于增进人类的沟通和交往。从1920年代中期至1980年代，到他85岁去世时的整整60年生涯中，他都在矢志奋力促进理解和宣扬“互助关系的特征”。在为《卡尔·罗杰斯选集》[1]所写的这篇序言中，我们谨将其最具重大意义的成就归纳如下：

他首创了一种主要的新心理治疗法，人们相继称之为“非指导性治疗法”，“当事人中心治疗法”以及“以人为中心的治疗法”。

他是历史上记录并发表完整心理治疗病例的第一人。

他完成并促进了较之其他任何地方都承担得更多的咨询和心理治疗的科研工作。

他在将专业咨询和心理治疗推广到精神病学和心理分析以外的所有助人专业，如心理学、社会工作、教育、牧师工作、非专业性治疗等领域所作出的贡献，较之其他任何人都最为功不可没。

他是开发并传播集中式团体强化治疗经验的领导者。这种集体治疗有时也叫做“会心团体（encounters group）”。

他是1960年代至1980年代人本主义心理学运动的领袖。这一运动至今仍继续对社会和专业产生着深刻的影响。

他是将有效人际沟通的规范原则应用于解决群体间和国际冲突的先驱者。

他是助人职业中最多产的一位作家，著有16本著作和200余篇专业论文以及科研论著；出版的著作达数百万册，其中包括其著作的60多种语言的翻译版本。

具有讽刺意味的是，这位后来成为美国最有影响力的心理治疗师的人物，在踏进其人生生活历程的伊始，显得颇似一名腼腆的小孩。由于生长在伊利诺伊州的偏僻农村，并生活在一个逗弄玩闹司空见惯的家庭里，他曾是一个敏感而善解人意的孩子。在他离家去威斯康星大学（University of Wisconsin）主修农业之前，他在家外没有过亲密的朋友。他出生于一个宗教家庭。在校园福音传播运动的启迪下，他决定要当一位牧师。在和儿时的一位青梅竹马的朋友，海伦·埃利奥特（Helen Elliot）结婚（良缘结合长达50多年）之后，罗杰斯和妻子搬到了纽约市，在那儿他就读于协和神学院（Union Theological Seminary）。

由于对牧师培训中某些教条主义的观点不感兴趣，罗杰斯的注意力便很快转移到了心理学领域，并转学到哥伦比亚大学教师学院学习，于1931年从该校获得博士学位。后来，他证实他从农业到牧师职务到咨询心理学的转变，在很大程度上，是他个人在一严谨有序的环境中对更为密切的人际交往和接触的需要。

1928年至1940年，他在纽约州罗切斯特市罗切斯特防止虐待儿童协会和罗切斯特儿童研究中心先后分别任职员和主任工作。在这一讲求实效的实验场所，在接待处理成百上千的儿童和他们的家人的过程中，他开始理清了他对咨询关系的思考。为解决各人自己的问题，每个人都拥有自己内在的资源；而咨询者在此过程中，只能充当有助益的伙伴，而不是指导者。

1940年至1944年，在俄亥俄州立大学（Ohio State University）；1944年至1945年，在美国劳军联合组织（United Service Oganization）和退伍军人一道工作；1945年至1957年，在芝加哥大学（University of Chicago）；1957年至1963年，在威斯康星大学（University of Wisconsin）；他始终如一地从事着他那开创性的研究工作，阐明他的心理治疗和人格改变的理论，并研发出了咨询和心理治疗法。在整个这一时期，他的咨询经历史和研究工作涵盖了从轻度心理失衡的学生到住院治疗的精神分裂症患者的各种不同病例。他这个时期的主要出版物有：《咨询和心理治疗》（*Counseling and Psychotherapy*，1942）；《当事人中心治疗法》(*Client-Centered Therapy*，1951)；《心理治疗和人格改变》(*Psychotherapy and Personality Change*，1954)；《个人形成论》(*On Becoming a Person*，1961)，以及《治疗关系及其影响：精神分裂症患者的心理治疗研究》(*The Therapeutic Relationship and Its Jmpact*: *A Study of Psychotherapy with Schizophrenics*，1967)。[2~6]下面一章，由罗杰斯 1959 年写作，1966 年修订[7]，是这一时期他工作的最好总结。该文章是他所有后续工作基础的基本理论和方法。

离开威斯康星后，罗杰斯搬到了加州拉荷亚市（Laholla）；在那里，他加入新西方行为研究所工作，其是一种非营利智库和培训机构。数年后，他和几个同事离开西方行为研究所，组建了个人研究中心（The Center for Studies of the Person)，这一直至罗杰斯离世所矢志从事的首要事业。在拉荷亚，他将其研究重心扩展到咨询和心理治疗以外，他早已开始探索的领域以及一些有关人际沟通和关注的崭新范畴。他在这个时期的主要著作的标题就具体说明了他的工作所包括的领域：《学习的自由：教育变革前景一瞥》(*Freedom to Learn*: *A View of What Education Might Become*，1969 和 1983)；《会心团体》(*On Encounter group*，1970)；《成为伴侣：婚姻及其选择》(*Becoming Partners*: *Marriage and Its Alternatives*，1972)；《论个人权力》(*On Personal Power*，1977)；以及《存在/生存的方式》(*A Way of Being*，1980)。[8~13]

罗杰斯在漫长的职业生涯中赢得过许许多多的荣誉和奖励，并担任过其专业领域中一些全国性机构的主席或高级职员。他最珍视的荣誉是美国心理学协会的第一个杰出科学贡献奖。几年后，他又获得了该协会的杰出专业贡献奖。他是囊括这个心理学专业重要机构两项荣誉的第一人。在两家主流的专业杂志的民意测验中，他当选为最具影响力的美国心理学家。[14,15]

无论是探究治疗、教育、婚姻，还是国际关系，罗杰斯的贡献都集中体现在人对人的关系上。从俄亥俄州起，不论是由于个人交往，还是职业关系而认识他的每个人，都视他为他们所见过的最善于聆听倾诉的人。罗杰斯不仅推广普及“移情”（empathy）一词的使用，而且比其他任何人都更致力于证明移情在治疗、教育以及一切人类关系中的超凡力量。罗杰斯的和谐一致观念——坦率地、真诚地和诚实地交流沟通，虽然未被人们充分了解，却也是最为重要的。罗杰斯强调指出，不论看起来有多大的风险，咨询师、教师、父母或其他帮助者的和谐是助人关系中不可或缺的条件，就像在夫妻关系、工作群体或国际谈判中一样重要。这些观念在罗杰斯的文章以及后面的对话中都有充分的探讨。

毫不奇怪，由于罗杰斯享有一代人中善于倾听和明快沟通的主要倡导者的声誉，因而能参与或见证和卡尔·罗杰斯的交谈，便成为一种值得纪念和深受欢迎的经验。他常受邀参加专题小组讨论会，并和助人职业的重要成员进行对话。而且他还被邀请与一些 20 世纪知识界的重要人物进行对话。

幸运的是，这些对话中的一部分已作了磁带录音。有少数已被转录并刊印发表在小报上，但后来几乎全被淡忘了。那篇和 B. F. 斯金纳（B. F. Skinner）的长长对话，虽然已有 6 盒现存磁带录音[17]，但为了不与常常重印出版的 1956 年的“有关人的行为控制的一些重要争议”的专题论文集相混淆[16]，以前从未公开发表过。

在研究我们所搜集的描述罗杰斯毕生工作的读物，即有关《卡尔·罗杰斯文集》[18]的材料过程中，我们发现了这些对话，并对这些对话存有深刻的印象。马丁·布贝尔（Martin Buber），保尔·蒂利希（Paul Tillich），B. F. 斯金纳（B. F. Skinner），格雷戈里·贝特森（Gregory Bateson），迈克尔·柏拉尼（Michael Polanyi）——他们的简历展示了他们在 20 世纪知识精英中的声望。另外增加的有关神学家莱茵霍尔德·尼布尔（Reinhold Niebuhr）著作的专题论文集的书面交流，以及已经发表的和心理治疗学家罗洛·梅（Rollo May）的通信，虽说不是真正意义上的对话，但给本文集增加了具有重要意义的分量。

在一定程度上，这些对话和通信，可以根据罗杰斯和神学家布贝尔、蒂利希、尼布尔，心理学家斯金纳、贝特森、梅以及科学家波拉尼等的相互影响来归类。然而，正如这些对话所充分揭示的，这样的划分将会产生误导。这三位神学家，对于助人的关系，对于援助心理上和精神上受困扰的人，对于“您—我”的面对（“I—Thou” encounter），对于宽恕以及如同在人与上帝或人与人之间可能经验到的那种承蒙天恩状态，都极为关注。而三位心理学家对于“人的本性”（nature of man），对于帮助当事人寻获生命的意义，对于理解“良好的生活”（good life），以及对于自由选择和自由意志好还是决定论好等——所有这些深奥而被反复提出的神学问题，也都很感兴趣。罗杰斯的这七位对话者都深切地关注科学——我们如何认识知识和信仰之间的关系，以及价值观和信仰在追求科学知识中的作用。

具有讽刺意味的是，卡尔·罗杰斯——这位学生牧师却变成了一名不可知论者、心理学者和自然科学研究者——成了一系列激起人们极大兴趣的争议支点。这些论证对许多有关宗教、心理学和哲学等深奥问题，有时仅稍予触及，有时也有较深入的探讨。本书包括了每一场合的完整对话和书面交流。为了改善其口头词语的可读性，虽然对与斯金纳和贝特森的对话，做了某些小的修改，但我们尽量保留了他们的会话风格。

关于与贝特森和斯金纳的对话，在编辑中出现的另一难于处理的问题是，对话中有多处两主人公开玩笑和观众发出笑声的情况。在初稿中，我们把每一笑声实例都作了记录——“观众发笑”，“罗杰斯发笑”等等——以尽量体现当时现场的真实气氛。但这样读起来很别扭。最后，我们抹去了磁带上观众笑声的录音，让读者在某种程度上自行判断兴趣所在。我们却标明主人公自己放声大笑的地方，因为这看来是他们交流的一个重要部分。然而，就录音来说，罗杰斯、贝特森和斯金纳与观众的关系都极为融洽和谐。

参考文献：

［1］Kirschenbaum，H.，and Henderson，V. L.（eds.），*The Carl Rogers Reader*. Boston：Houghton Mifflin，1989.

［2］Rogers，C. R.，*Counseling and Psychotherapy*：*New Concepts in*

Practice. Boston: Houghton Mifflin, 1942.

[3] Rogers, C. R., *Client-Centered Therapy: Its Current Practice, Implications and Theory*. Boston: Houghton Mifflin, 1951.

[4] Rogers, C. R., and Dymond, R. (eds.), *Psychotherapy and Personality Change*. Chicago: University of Chicago Press, 1954.

[5] Rogers, C. R., *On Becoming a Person*. Boston: Houghton Mifflin, 1961.

[6] Rogers, C. R., Gendlin, E. T., Kiesler, D. J., and Truax, C. B. (eds.), *The Therapeutic Relationship and Its Impact: A Study of Psychotherapy with Schizophrenics*. Madison: University of Wisconsin Press, 1967.

[7] Rogers, C. R., Client-centered therapy. In Arieti, S. (ed.), *American Handbook of Psychiatry*, *Vol*. 3. New York: Basic Books, 1959 and 1966.

[8] Rogers, C. R., *Freedom to Learn: A View of What Education Might Become*. Columbus, OH: Charles Merrill, 1969.

[9] Rogers, C. R., *Freedom to Learn in the 80s*. Columbus, OH: Charles Merrill, 1983.

[10] Rogers, C. R., *Carl Rogers on Encounter Groups*. New York: Harper and Row, 1970.

[11] Rogers, C. R., *Becoming Partners: Marriage and Its Alernatives*. New York: Delacorte Press, 1972.

[12] Rogers, C. R., *Carl Rogers on Personal Power: Inner Strength and Its Revolutionary Impact*. New York: Delacorte Press, 1977.

[13] Rogers, C. R., *A Way of Being*. Boston: Houghton Mifflin, 1980.

[14] Heesacker, M., Heppner, P., and Rogers, M. E., Classics and Emerging Classics in Counseling Psychology. *Counseling Psychology*, Vol. 29, No. 4, July 1982.

[15] Smith, D., Trends in Counseling and Psychology. *American Psychologist*, Vol. 37, No. 7, July 1982.

[16] Rogers, C. R., and Skinner, B. F., Somer issues concerning the control of human behavior. *Science*, Vol. 124, No. 3231, November 1956, 1057—1066.

[17] Rogers, C. R., and Skinner, B. F., A dialogue on education and the control of human behavior. A six-cassette album edited by Gerald Gladstein. Available

from Jeffrey Norton Publishers, 145 E. 49th St., New York, NY 10017.

[18] Kirschenbaum, H., and Henderson, V. l. (eds.), *The Carl Rogers Reader*. Boston: Houghton Mifflin, 1989.

2　以人为中心的治疗法[①]

罗杰斯　著　李绍昆　译[②]

[译者按]：1984 年，我应中国某大学之请，前往该大学心理系主讲“美国的心理学界”，其中有一课专门讨论了罗杰斯及其人本心理学。行前，罗博士给我寄赠了两篇论文并亲笔寄信告诉我说：“目前，我已向两个宇宙开发，附上两篇近作，你当可一目了然！‘以人为中心的治疗法’是向小宇宙问答，‘核子星际自杀的替换’是向大宇宙进攻，请你将此两篇译为中文。”谨案，第二篇早已在 1985 年译为中文，并在台湾一个学术刊物上发表，1990 年收入拙著《美国的心理学界》。现在将第一篇译出，以纪念罗博士的百岁冥诞。

我之所谓“以当事人为中心治疗法”，或者说“以人为中心治疗法”，究竟有什么意义？对我个人来说，它表达了我一生从事心理辅导这一行的主题，而这个主题又是经过我一生的经验，同别人相互切磋，以及认真研究所证实了的。这个主题经过了长期的应用，在许多领域里都得到了验证，因而我们采用“以人为中心的治疗法”是经过实际验证的。

这种接近法的中心假设应有所说明，它认为，人在自己内部有一个辽阔的资源，可以了解自己，改变自己的形象，改变自己的态度，甚至改变自己的行为——只要具备了某些支持心理常态的氛围，这些资源是

① 本篇是李绍昆翻译的罗杰斯的另一同名作品，与原书的第 2 篇有所出入。——译注

② 罗杰斯，美国人本主义心理学创建人之一；李绍昆，美国中美精神心理研究所所长。

不难把握的。

促进这种心理常态氛围的成长共有三个条件，这些条件，既可适用于治疗师与当事人之间，也可适用于父母与子女之间，更可适用于领袖与团体之间，老师与学生之间，行政人员与僚属之间。实际上，只要能帮助人达到他发展的目标，在任何情况之下，这些条件都可以适用。有关这些条件的讲述，我曾在以往的著作中有所论述（请参阅 1959 年及 1941 年的拙著），在此不再重复。在这里，我只作个概述，是为心理治疗的观点立论。

首先，让我来谈谈真诚、实在，或者所谓的和谐。一旦治疗师同他的当事人建立了良好的关系，把个人的和职务上的假面具去掉，当事人就会积极地成长。所以说，真诚，就是让治疗师的感情和态度自自然然地表现出来。这就是说，这时有一种默契，在治疗师与当事人之间浮现出一种真诚，让他们感觉到一种自觉，一种自然的内心发泄。

其次，我要强调的是创造一种改变环境的氛围，以期能做到接纳、关怀，并达到无条件的积极关注。当治疗师怀着积极的又毫无判断的心态，对当事人表示全面接受的那一时刻，治疗的效果就会产生，而行为上的改变也会接踵而来。治疗师既然对当事人表示了全面的接纳，那么，当事人所有的感受，诸如混乱、反感、恐惧、愤怒、勇敢、热爱、自傲等都会涌上心头。这是一种非积极性的关注，如果治疗师仍能全面接受，而非选择性地接纳，则治疗效果也会展现。

第三个促进人际关系的要素是同情心的了解，就是说，治疗师必须具有一种特殊的感应能力，很准确地感受到当事人的个人经验，并能体会到当事人所表达的内容，只要进行得顺利，治疗师不但能够进入当事人的内心世界，去了解他所要澄清的各项意义，甚至他在下意识里对情况一目了然。就个人所知，这种特殊而主动的聆听是威力最大的一种。

最近以来许许多多的研究都证明，只要各项条件都满足，人格和行为的改变就会产生。从 1949 年起，这种研究不但在国内存在，而且在国外也有案例。在心理治疗方面有态度上的改变，在学校方面有学习上的改变，而在行为方面也有精神分裂的改变。总而言之，这些案例都证实了改变的成功（欲知其详，请参考1980年出版的拙著）。

实践、理论和研究都在清楚地说明，以人为中心接近法是建立在对人信任的基础上，这大概就是它与我们文化中的许许多多机构根本不同的地方，几乎所有教育、行政、商业、宗教、家庭生活，甚至心理治疗都基于对人的不信任！目标必须制定，因为人无法自定目标。个体人必须有人替他设定目标，否则他会偏离正道！因此，教师、父母、长官都必须发展一套教个人迈向既定目标的方法，诸如考试呀，检查呀，审问呀等。为什么？因为个体人生来就是罪人，就是坏人，就是懒人，甚至这个个体人，三种人兼而有之！因此，这种人必须不断地受到监视！

以人为中心的接近法与此相反！它主张，在每个生命体内都具有一种实现的倾向——一种生长倾向，一种发展倾向，直到他完全表现自己的才能。这就是人类建设性的本能，它促使我们朝向更复杂而且更完善的方面迈进。

一、还有另一个特征

上述的成长特征是经过研究而且经过验证的。最近，我的视野扩大到另一个新的领域，但是还不能做实验性的研究。

当我作为团体的促进员，或者做一个治疗师做得开心的时候，我会发现另一个特征。有时候，我非常接近自己的内在自我，那个直觉性的自我；有时候，我也会接触到自己内在的不可知者；更有时候，我会进入一种另类的意识形态来同人交往，就在那个时刻，我恍惚充满了治疗能量。于是，我的确觉得会起到治疗效用。这种经验是无法勉强的，只要放松自己，我就会接近内心的超能，于是我的行径就显得奇怪，也显得冲动，这是我无法用理性来自圆其说的，也是同我的思想过程毫不相干的。然而，这些奇奇怪怪的行径，在其莫名其妙之中，却显得非常正确！在那些时刻，我内在的精神似乎触到了另一个人的内在精神，于是我们之间的关系升华了，超脱了，而变成了另一个较大的东西，于是变为了更大的成长、更深的治疗、更多的能量。

这一类的超自然现象与同我一起工作过的团体偶尔发生过，它曾改变了一些人的生活。有位参加我工作坊的学员做过一次非常雄辩的自述："我认为，那是一次十分深入的精神经验。我感到在团体中的精神合一。我们一起呼吸，一起感受，甚至一起说话。我感到生命的活力贯通了我们大家——而不管那究竟是个什么东西。我感到它的存在，却并没有感到你与我之间的壁垒分明——它恍惚是一次静坐的经验，我感到我成了意识的中心，然而，那种万物与我为一的特殊经验，却又保存了人与人之间的分离感。"

我承认，这件事同神秘学有些关联。很明显，我们所体验已涉及超越的、不可言传的以及精神性的东西，我不能不相信。我和许多其他人士一样，都曾低估了这种神秘的和精神的侧面。

在这件事上，我个人的态度同许多思想家和物理化学工业方面的科学家并无二致（对此问题，请参考卡普拉著的《物理之道》，1982 年出版）。科学家将他们的学说推向前沿，他们所说的"真实性"并不属于固体，不过是能的振荡而已。他们也开始采用一些什么超波的、无法描述的，以及没有料到的词条，来形容我们以人为中心的心理学家用来形容我们所经历过的现象。

所以说，以人为中心的接近法是用来表达我们行为方式的主要途径，用它来制造个人成长的一种氛围，与其说这是一种技术和方法，倒不如说这是一种理论和哲学。谁若依照这种哲学生活，他就会发展自己的潜能，而且也会刺激别人改变他们的行为。它会增强人们的能量，而且事实证明，它是个人和社会转化的原动力。

一旦以人为中心的生活之道运用到心理治疗上来，它就会引发自我爆炸以及自我发现，结果导致当事人建设性的改变，不但改变他的人格，也会改变他的行为。由于治疗师一直生活在这种建设性的情况之中，他会在改变当事人的过程中变成了当事人的伙伴。我想，下面所述的个案正说明了我的论点。

二、珍妮的改变过程

有时候，只需一次会谈就可以改变治疗师和当事人的关系，而且这一次会谈也足以说明治疗过程的许多方面。我和珍妮的那次会谈就是实例。那次只是半小时的示范演练，是在南非约翰内斯堡进行的，当时有600人参加工作坊。

原来有好几位自愿做示范表演，第二天早晨在实际进行之前，我的同事单福德女士告诉我，珍妮被选为当事人。

珍妮和我在台上面对面地就座，希望台下的都能看到我们的侧影。我们俩都试试话筒，同时也矫正了一下自己的姿势。于是，我向她说，自己需要静一静，来定一定神。我又说，也希望她安静下来，她点头表示同意。我利用这短暂的机会，来忘掉技术性的东西，而关注到珍妮当时的情景，并准备开放地接纳她。

以下是这次访谈的记录，它包括会谈的主题和重点，但也省略了一些重复的回答以及与主题无关的追问等。

我认为，读者可以先读访谈的全文，注意珍妮同我讲了些什么，而略过我在文内串的讲解。然后，再读一遍，除对话之外，也看看我的讲解。

卡尔：行，我准备好了。可是，我不知道你想跟我说点什么。当然，我俩都已打过招呼了，随你的便吧，无论你想谈什么，我都愿仔细聆听。

珍妮：我有两个问题。第一个，对婚姻和子女的恐惧；第二个，我对个人年龄陡增的恐惧。面对未来，真难应付，我感到诚惶诚恐！

卡尔：那就是你的两大难题。我不知道，你想先谈哪一个呢？

珍妮：好吧，还是先谈我的年龄问题。我开个头，你则从旁协助，我非常感激！

卡尔：那你先告诉我一下，你为什么怕老？你老了，又如何？

珍妮：我感到很恐惧！已经是35岁的人啰，很快就要40岁了！为什么这样怕，我也难以解释。左思右想，不能解脱，我好想逃之夭夭算了。

卡尔：看来，你真的怕得要命，那也够你受的了。

珍妮：是的，这教我对自己失去了信心。（卡尔：唔，唔）那是一年半以前的事，啊！两年以前的事了。那时我突然感到，老天爷，我怎么会有这种感觉呢？真是倒霉透了！

卡尔：直到一年半之前，你才有那种强烈的感受。（稍停）有没有什么特殊事故引发了你的不安呢？

我初步的回应有两个用意：首先，我要她感到绝对的安全，来做自我表述；而我这方面则尽量了解她的感受，不提任何带有威胁性的问题。此外，我也没有指出任何具体方向，而且不做任何判断。我让这次访谈完全由她来掌握。

珍妮已经开始说明了她的问题，也感受到自己恐惧的真实性。她已清楚地表态，如果有任何帮助，那将来自我这方面。

珍妮：真的，我也想不起来了！啊，我妈死得很早，那年她不过 50 岁。（卡尔：啊，啊）她还年轻，而且在很多方面显露过才华。我想，这或许有点关系。我也不太清楚。

卡尔：你好像感到，你妈的早逝，你也可能不久于人世了，（稍停）人生真是苦短啊。

珍妮：对呀！

珍妮已开始拿安全来解释她个人的经验。她虽然还没有注意到这件事的意义，但她的下意识已带领她联想到她的早逝。

我的反应在说明，我已安然进入了她的内心世界，而且比她所描述的更深入了一层。我感受到进入了她的内心世界，已在她的答话"对呀"两字中得到了证实。如果她的答话是"并非如此"！我就会马上去另找她回答的原意。为了理解她，我毫无个人的成见。

珍妮：回忆我妈的一生——她虽然有很多才能——但不幸她终究成了个苦命人。这世界欠她太多了。我绝不想也落得她的命运，而事实上我也没有。我的生命相当丰富——有欢乐的日子，也有悲伤的岁月。我学到了很多，而且也有很多等着我去学。但是，我实际上感受的，却已是我妈曾经感受过的。

卡尔：这好像有点戏剧性啊。你可能在恐惧地想：瞧，从前在我妈身上发生的，现在也发生在我身上了！（**珍妮：正是!**）也许，我也会一事无成吧！

珍妮：（停了很久）你还有更多的问题要问吗？我想，那样可以帮助你来认识我更多一点。我自己不能提问了——心里七上八下，（卡尔：唔，唔）搞得我心乱如麻了。

卡尔：你心里七上八下，所以你不知从何（**珍妮：说起**）也不知在哪里打住。我也不知道，你是要再谈谈你和你妈的关系，或者谈谈你的恐惧什么的。

有时候，当事人久久不发一言可能效果很好，我安心等待看看下面的结果。

首先见到的，当事人所表示的，她心想我是权威，我是医师，她要依我行事。

从我的立场谈，我既不明白表示自己要依照一般医师的规章办事，更不想做个无知的医师。简单地讲，我不想以权威人士自居。换句话说，我要她明白我理解她心中的紊乱，但也不想做任何主动的提示。

她呢，主动地完成了我的后半句话，这已表明，我们在一起寻求答案。也就是说，我们俩已站在桌子的同一边了，并不像一般医生一样，医生坐里边，而“病人”坐外边。

珍妮：我现在是，年纪越大，越想结婚。两者之间有无关系，我一无所知。一方面，我一想到结婚生子，我就感到恐怖之极；另一方面，我又感到自己快老了。

卡尔：这是对婚姻承诺的恐惧，也是对生儿育女责任的恐惧，这些事使你的恐惧感不断增长、扩大。

珍妮：正是。其实，对承诺我并无恐惧。举例来说，对工作，对朋友，对所做的事情，我都一无所惧。只有对婚姻，我真怕得（要死）！

卡尔：因此，不能说你是个不负责任的人。（**珍妮**：当然不是！）你对工作负责，你对朋友负责。只是对婚姻这件事，你怕得要死。

一段长时间的无言导致了珍妮对婚姻恐惧的自述。

当事人不断地对自己感受的对象加以分析、加以区别……连当事人对自己的经验和与此经验的关系也加以分析了（见拙著，1956年，216页）。在这里，珍妮很明显地承认了我的主张——她不是对一切事情不负责任，只是对某种特定的事情怕负责任而已。

到此为止，在有关追寻认识自己这件事上，我们绝对地成了伙伴，因此我们的讲述才显得彼此互通。

珍妮：（在久久无言之后）你要往下讲吗？

卡尔：但愿我能帮你从千头万绪之中理出一点头绪来，那就太好了。

珍妮：唔！（稍停）我现在真的无法想起来了，否则，我就能开出一张清单来（稍停）。我的问题可能是——对艺术有所爱好，是吗？或者，我对音乐和跳舞有所偏爱。也许我想将自己的余生投入音乐和跳舞哩！只可惜，今天的社会不让我这样做，我得符合社会的要求嘛！这并非说我有什么后悔，只是说，我若有所失，因为我真的想做点什么，只是不知道怎样去做！这是否与我刚才要表达的有关？是的，我已经老了！总是绕着圈子走，总是想走回头路。

卡尔：所以说，你在告诉我，本来你也有个人生的目标，你也真想做些自己想做的事情——（**珍妮**：唉，是呀！）你想献身于音乐和跳舞，只可惜社会阻碍了你那样做。本来嘛，你只想将自己整个地投入，全心全意地致力于音乐世界。

珍妮：正是如此！

在珍妮探索自我的过程中，她将自己的责任推到我身上来，我并未接受，只真实地表白了我的感受而已。

此后，她再接再厉，挑起了当事人访谈中的主动性，那段久久的无言导致她说出了她对婚姻观的看法，这个表述又导致了她对自我形象的肯定。她对自己还不能完全信任，但对爱好艺术这件事，她显得非常肯定而积极。

我的回应让她注意到自己的目标，而且加以正面的对待。我给当事人高举一面镜子，让她照见了自己。

从治疗程度来看，珍妮清楚地觉察到她以前没有觉察到的一些感觉，可以说她已豁然开朗了（参看拙著，1959年，216页）。

珍妮：一年半以来，我所经历的都显得奇奇怪怪，然而整个情况又显得生机勃勃。有人告诉我，年纪大了，人就变得更有耐性，对别人也更能容忍。其实，我对这个世界也一无所求，但在最近我感到自己出了问题，可是又不知道怎样去应付这些问题。

卡尔：你是说，一年半以来，事事都不尽如人意，而你又不知怎样适应——不但时刻如此，而且事事如此。（**珍妮：是啊!**）但是，你又感到生命的活力，你又觉得生命的意义。因此，在你内心深处，你又不免自问："我将何去何从呢？"

珍妮：卡尔博士，我能提一个问题吗？在婚姻和年龄之间有没有相关性？

卡尔：有呀！在我看来，你将这两个问题放在一起来谈，你对这两件事都有恐惧感，你对婚姻和生儿育女都感到恐惧，这个恐惧几乎变成了一个包袱。此外，你又说，你知道自己梦寐以求的承诺，却无法实现这个承诺。

珍妮对自己所遭遇的人生问题，既感无奈，又感无助。因此，她顺着一般人的模式，想在权威人士那里找到答案。

在对话中，她将两个不同的案情放在一起讨论；我呢，只点出了她个人的感受及其意义，并没有明确地给予答案。我认为，最好的答案应该由当事人自己找到，而珍妮所讲的正是她所求的答案。

珍妮：咳，承诺，并不是什么奉献，它绝对同奉献无关。我只是怕被暗算而已。其实，我现在就被自己的年龄暗算了。

卡尔：你感到被暗算了，被自己的年龄暗算，又被对婚姻的恐惧暗算，（稍停）因此感到人生没有希望的无奈。

有趣的是，她一直在寻找恰当的词语来表述自己的心境。她先后用了“恐惧”、“惶恐”，“富有活力的感觉”，现在又用了“暗算”。这些词语无非是当事人用来描述她自己感受到的更为切合实际的心境。

我现在感到在她内心世界里更能行走自如了。纵然她还没有完全掌握用词的技巧，我仍然相当满意了。

珍妮：是的。（稍停）我还是继续讲吧。（卡尔：好！）你可知道，这些事我放在心里好久了。（稍停）我总不能跑到办公室里，公开地向人说：“救救我吧，我今年已经35岁了！我干些什么才好呢？”我又不是那种人嘛！其实，只要我高兴，穿一件短衣，梳两条辫子，那又有何不可。我所顾虑的是怕被暗算了。

卡尔：你现有的恐惧并不会阻障你在世间的任何行动。你的生活也毫无问题。然而，你的内心仍感到恐惧，你怕被人暗算了，这才是你真正的恐惧，而且是来自多方面的。

这里我有所失误。这时她已感受自己所经历的同外界所给予的并不一致，我对此没有作出反应。另一个疏失，我忽略了当事人所提到的一些小事，诸如短裙子小辫子之类，都具有一些积极意义。然而，失之东隅，收之桑榆，机会还会再来，且看下面分解。

珍妮：人们对我说：“珍妮，你还是年轻不减，春风得意嘛。”他们却看不见我内心的感受！

卡尔：不错，外人看见的是你的年华，是你的风采，他们没看到你的内心。珍妮的内心世界却大不相同！

珍妮：（久久无言——然后耳语）你要我讲点别的什么？（卡尔和听众都发出笑声）我紧张得要命，好像走进了地狱！

卡尔：你有的是时间，别瞎紧张，因为我感到已经同那个受惊的小姑娘珍妮很熟悉了。

珍妮：你是说，我讲得越多，我就越能帮助你了解我。对吗？

卡尔：是的，你会通过我更了解你自己。

珍妮：这也许彼此相关，而且可能对你有帮助。从前，我也曾做过业余的戏剧演员，我最爱扮演的是顽皮的小姑娘。儿时我想摆脱什么人或摆脱什么事，我就想扮演一下顽皮的小姑娘。

卡尔：演这个角色，你很在行！（珍妮笑了。）在许多场合你都爱演这个角色！（珍妮：它管用嘛！）它很管用。那个顽皮的小丫头能从任何情况中摆脱出来。你还说，你想帮助我。其实，我们所做的倒是想帮助你。（珍妮：多谢你！）（稍停）因为——我觉得，你所讲的东西，对我一点好处也没有。倒是，你告诉我们的那些事可能教你更能了解你自己，更能认识你自己。

在这里，珍妮对她的"关系论"作了最明确的说明。她丢给我有关她的许多资讯，希望我这个专家用来帮助她。我却希望改变她的做法，让她自己负责，但效果并不明确。我想，她并未了解我说话的用意，因此她才说了"谢谢你"，因为她仍旧希望我做个主动的助手。

那个顽皮的小姑娘对解决她的问题有没有什么意义，我不知道。但是，我深信不疑，她的无意识之心会起到作用，从而引导我们找到她恐惧的根源。

珍妮：这个问题，我也同一位有过这类经验的人讨论过。她对戏剧影响个人的事情知道得不少，她自己也曾有过这类的感受。她说："你要了解，说来也很奇怪，我自己就是这样过来的人，不但需要时间，而且需要一两个朋友的支持。"我想最重要的是，（稍停）你所联系的人，一定要能够信任，一定要具有信心，而且他也有时间来帮助你。这样的人，也实在难找。

卡尔：你所要找的，就是一个真正有能力帮助你摆脱困境的人，这样你能同他一直走过这段痛苦的日子。

珍妮：唔，这段被暗算的日子。（苦笑）是的，我实在不知道怎样应付，真的不知道。

卡尔： 你感到，这真的不容易承担。

珍妮： 也罢，这已是我日常生活的一部分了。从清早起来，到晚间上床，都没有变化。当然，我也不会向大家公开这些事，我想不要增加别人的过分反应。如果真能找到一位与你同舟共济的伙伴，听听你是怎样走过来的，那算是件重要的事情吧。

卡尔： 所以，你真的在找一个人，一个你需要的人，一个你向往的人，一个你信赖的人。

她所描绘的类型，既能支持，又能理解，既能关爱，又能信任，这就是人人都渴望的，也是治疗型的典范。它说明了另一个基本信念："当事人的选择最好。"

珍妮： 我也想自己来试试看，可是感到力不从心。（卡尔：对的。）如果有个人能推我一把且对我说："我知道你，你一定能，你会做到，而且你已经开始做了。"那就是——

卡尔： 那就是真的帮助。

珍妮： 只有一个人能相信我。

卡尔： 那个人会向你说："不错，你能做到——你真的不错，你会干得很好。"可是，这些话你自己又说不出口来。

珍妮： 说不出来。我也试过，想更积极一点，甚至想自嘲一番。可是，我又怕得要死。我只是向后退，我不敢往前冲！（久久无言）我想将它推到一边，我想将它冲洗干净，我想将它全擦掉，我甚至不要再去想它，连这一点，我也无法办到。（稍停）用比喻来讲，我恍惚走进了黑暗，而且是从光明里走进了黑暗。（卡尔：啊。）你可理解了我的意思？（卡尔：是的，我理解！）为什么？我又开始恐惧了。

卡尔： 风险很大嘛，从光明世界堕入黑暗之乡，堕入不可知之乡。（珍妮：是。）这样的情境，真是吓人。

珍妮： 我已经无话想说了，当然除了我怎样克服它之外。有时候，我又觉得这是个非常孤独的问题。我也知道，别人也碰到过这种问题。但也有人未曾碰到过。他们也许会想：大惊小怪，那有什么了不起？有时候，我也异想天开地自嘲：何不在报纸上登一则广告。很难说，（自嘲）你会收到怎样的回应？（稍停）说穿了，也不过是个笑话，我不过想逗人一笑而已。

卡尔：可是，你最大的愿望不是找个知心人吗？希望他从天而降，能坚定你的信心，并能帮助你脱离苦海。

珍妮：对呀，我虽然也做祷告——我对宗教也有自己的感受——我一直相信精神的发展，也许这就是我的屏障，我也不清楚。当然，这是我心中的一个结，也是我心理发展的一部分。可是我觉得这还不够，我必须有个真实的接触，（稍停）一个同我直接交往的人。

经过这段交谈，她感觉到无助感的深层面，她根本没有应付恐惧的能力，她想建立同另一个人关系的渴望，她深信援助必须来自外在。她强作欢笑，只是用来隐藏自己的痛苦。

心连心地，我伴着她走了这一段崎岖的道路。她用了从光明进入黑暗的比喻，我也给了她一点启发的曙光。我下面的回应就说明了其中的道理。

卡尔：一个你能直接交往的人，我猜想——这也有点莫明其妙的意思——但我仍要说，在你那些朋友之中，也可能包括了那个调皮捣蛋的小姑娘，当然我不知道，这对你有没有任何意义。我倒想，那个蹦蹦跳跳的顽皮小姑娘若能伴随你一起从光明走入黑暗——啊，这种想法可能对你毫无意义。

珍妮：有些莫明其妙，你能否替我解释清楚一点？

卡尔：很简单，或许你最好的朋友就是你自己，她隐藏在你的心底，她就是那个怕得要死的小姑娘，她就是那个顽皮捣蛋的小姑娘，她就是那个隐藏不露的真你！

珍妮：（稍停）老实讲，我必须承认你所讲的。回想起来，我已经失去这个顽皮的小姑娘很久很久了！事实上，过去一年半之中，那个顽皮小姑娘已经无影无踪了。

这是一种直觉反应，我学会了怎样信赖。在我内心形成了一种自然的表达，它教我非那样说不可。我教它自自然然地升阶，从她的无言以对，到她的不知所措，我都认为，可能毫不相干，甚至毫无可助。但是，从她的回应显示，我的直觉已经触及了她的内心深处。

我非常看重这一类的直觉反应。它并不经常出现（在录音带里出现，这还是第一次），但它在治疗过程中会起到提升的作用。在直觉的那一刻，我大概至少进入了另类意识状态，已经走进了当事人的内心世界，而且已经完全体察了那个世界的局面。我的无意识智慧接掌了一切。这时，我所知道的比我在常态心理时所知道的更多。这时，我的回应不必由我思考，一切都自然浮现，都是我无意识对当事人内心世界的体会。

卡尔：已经无影无踪了！哈，哈，哈，哈，（笑声）我错得也不算离谱啰。也许，你不妨找找她看！（笑声）

珍妮：你要不要她的电话号码？（笑声）

卡尔：要呀！（笑声）我猜想，她一定很开心，不再害怕什么了。她显得比较活泼。（笑声）

珍妮：你说，虽然我老了，还可能做个淘气姑娘？

卡尔：那，我也不知道。——我今年不过80岁，我自认还是一个淘气的男娃娃。（哄堂大笑，有人拍手）

珍妮：（也笑了）我不做任何评论！（稍停）那会教我改变自己的婚姻观吗？

卡尔：我认为，这是你扪心自问的一个好题目，很有意思。你认为，如果你成了个更好的朋友来对待你内心的那个小姑娘，这样你对结婚的压力会相对减轻？她和你已经一年半不见了，我感到很难过，我真的很难过。

珍妮：你讲得好准啊！真是一针见血，还有——

很显然，我们之间的关系已变得轻松愉快了，我们的追求是结伴同行的。我们面对的是严肃的事，我们所存的是愉快的心。我们的关系既开放又信任了。

珍妮已认识到，她一直在否认自己的一个重要部分，那就是她自己，而这是一件非常重要的事实。

我对自己的回应也感到满意。这些回应都自自然然，而且轻轻松松，但在内容方面却又十分严肃。

卡尔：哦，抱歉，再过几分钟，我们对谈就要结束了。

珍妮：行！我的时间表总是快了15分钟，因为我总是迟到。(笑声)

卡尔：你也老了15分钟？(大笑)

珍妮：(笑着看表）等我来看看，10点差——

卡尔：好，就此结束吧，行吗？

珍妮：行！你帮助我太大了！我非常非常感谢你。

结束未免显得突然了一点，可是时间已到，我们只能草草收场。她能处之泰然，而且谈笑自如，这表明她已经不是垂头丧气了。此外，正好时间已到，访谈必须停止。

三、总结访谈的特色

这次访谈有许多特色，既属于我们以人为中心的心理治疗范围，也属于任何其他服务行业的领域。因此，我在这里做一个提纲挈领的总结：

(1) 凡是从她经验中找到的任何感受、任何想法、任何方向的改变，任何行为的意义，我们都不要做任何判断的接纳。我认为，这种接纳是全面的，但也有例外，值得大家注意。她对我表示依赖，她想依靠我的权威来替她找到答案，我接纳了她的愿望。请注意，我所接纳的是她依赖我的愿望，这并非表示，我会依着她的愿望来处理问题。由于我知道自己的立场，我就更容易接纳她对我的依靠。我也知道，我不会成为她的权威偶像，虽然在她心目中是这样看待我的。

在其一点上，我的接纳并不完整。实际上，她曾说：“我要多讲一点来协助你完成你的工作。”为了完全接纳她与我之间的关系。我原想改变一下她对我的印象，但是徒劳无功。我曾向她说：“我们要做的是帮助你，而不是让你来帮助我。”对此，她毫无理会，也没有造成任何伤害。

(2) 深深地了解她的感受，同情地体会她个人的意念，而且提供她自我表述的机会。我已成功地进到了她的内心深处，她已逐渐地表露了她内心的隐情，我们之间已能直来直去了。

这种敏感的神入让我走进了她久已丢失了的那个部分，教她接触，这种富有神秘感的互通，正是彼此神交的另类意识形态。

(3) 在寻找她自己时有一种伙伴同行的感觉。我相信，当事人都有自知之明，我不想做她的向导，即便在那段痛苦的崎岖之路，我也仅仅是个与之同行的伙伴（当然，她的自知之明隐藏在她的心底，但确实是存在的）。在理解上，我既不敢超前，也不能落后太远，否则她会感到孤独害怕。因此，有时候我故意走慢一步，有时候我又超前一步，让我的直觉给她一些指引。

(4) 信赖“生命体的智慧”会带领我们接近她问题的焦点。在整个访谈中，我一直存着完全的信赖去面对让她沮丧的焦点。虽然我是个很精明的临床心理医师，我也难以想到，多少年之前，她母亲的早逝，她对艺术的爱好，竟同她解决内心的恐惧息息相关。由于具有这个信赖之心，她的生命体，或者说她的无意识之心——随便你怎么称呼它——竟能带领她接近了解决问题的关键。

因此，作为一名心理治疗师，我要求自己的当事人尽可能地按照自己的行径，按照自己的步骤，去解决自己的困难。

(5) 要完完全全地帮助当事人体验到她的感受。最好的例子就是她相当完全地体会到自己的“无助”和自己感受到“暗算”。一旦这种强烈的痛苦感受在其深度和广度都达到极点，当事人就会设法点破。在其改变的过程中，这是很重要的一部分。

值得注意的是，当她颇具信心地说：“你真是一针见血”这句话时，当事人必定感觉到一种什么力量帮助了她，但她又无法用言语来表达出来。没关系，感觉到了就行，治疗师是不会在意的（当然在这个案例中，她却亲自在第二天表明了）。

将这些特色指点出来，其用意在于告诉大家，以当事人为中心的治疗法能够导致一种微妙的过程，它具有一种生命体的活力。如果要求这种过程发生预期的效果，治疗师必须心存理解、为人关爱，这是非常重要的条件。当然，最关键事项的发生，还在于当事人的感受和经验。

四、珍妮的结局

访谈之后，她向在场的观众讲述了自己的经验。珍妮说："我真的感到奇怪，一方面我很紧张，另一方面我又感到很刺激。我想，我已找到了答案，感谢卡尔博士。"如果没有第二天的交谈，这些话就可能当成客气话来看了。

第二天早晨，珍妮来看我。她说，昨天有关那个顽皮小姑娘的讨论让她作了进一步的反思和探索。她承认，那个顽皮的小姑娘失踪了，连她其他部分的自我也在那一年半之中不见。"我得承认，为了解这个完整的人生，你必须找回我失落的那些部分"。她又说：对她个人来说，这次访谈所给予的是一次"脱胎换骨，震撼灵魂"的经验。访谈启动了她的心灵之旅，她仍旧继续着她人生的长征。

3 马丁·布贝尔

马丁·布贝尔（Martin Buber）1878 年出生在维也纳。从 3 岁时父母离婚起，他就和富商祖父，一位受尊敬的学者和犹太社区的领袖，生活在一起。布贝尔在西欧崇尚理性、重视逻辑批判和历史研究的知识传统中接受教育。可是，每年夏天，在东欧度假期间，他又深受哈西德派犹太传统的影响。该传统很强调人与上帝间直接、神秘、自发和喜悦的交往。

布贝尔相继在维也纳（1904 年获博士学位）、柏林（Berlin）、莱比锡（Leipzig）和苏黎世（Zurich）等大学研读哲学和艺术，之后，就在好几所研究院和大学执教哲学和宗教学。1923 年至 1933 年，他在法兰克福大学（University of Frankfurt）任犹太神学（当时德国大学中唯一的这样一个教席）、宗教史和伦理学教授。①

20 世纪初，布贝尔成为哈西德主义（Hasidism）和犹太神秘主义教义的诠释学者。如：1956 年，他翻译了《拉比·拉赫曼的故事》（*Tales of Rabbi Nachman*，1906）；1955 年翻译了《巴尔·谢姆的传奇故事》（*The Legend of the Baal-shem*，1908）以说明犹太神秘传统的生命力，并写作发表了他自己对哈西德故事和寓言的百余篇阐释性文章。虽然他渐渐超越了神秘主义，但毫无疑问仍受着哈西德主义的影响。布贝尔发展出了一种以人——“我”和上帝——“您”之间的“面对”（encounter）为中心的哲学。上帝作为“您”没有任何边界并包罗

---

① 1933 年当犹太学生被排斥在德国大学之外时，他便成为犹太成人教育中心办公室主任。后来，他和保拉·温克勒（Paola Winkler）结婚。后者后来成为一位受尊敬的小说家。

万象。人与人之间或人与艺术之间的真正面对也可能是一种“您—我”关系（I—Thou relationship），因为其他人或艺术没有标识或限制而能被经验到，这是布氏哲学独创的专业术语，应给出！因而可以关联到任何事物，关联到上帝。另一方面，“我—它”（I—It）关系是以往较为典型的日常生活方式，因为有视作客体的，视作独立的其他人或中介。

布贝尔的主要论点是“生活就是聚会”。他描述过一个悲剧性事件，在这次事件中，一位焦虑不安的青年人来向他寻求建议。当时布贝尔另有心事，虽和他谈了话，但并未和他进行真正“交心晤谈”。这位年轻人离去后就自杀了。对布贝尔来说，拯救不可能通过美化赞扬个人或集体而求得，只能在真诚的感情交流中才能实现。他并非“揭露”“敌对者”。而是在“公开坦诚的对话”中，并非对“敌对者”的“揭露”中，看到了未来的唯一希望。

他的著作数量大得惊人，文学作品多得惊人，包括了六十多卷关于神学、犹太历史、哲学、比较宗教学、艺术以及教育等方面的著作，其中包括《丹尼尔》（*Daniel*，1913），《我和您》（*Ich und Du*，1923，英译：*I and Thou*，1937），《上帝的王权》（*The Kingship of God*，1932），小说《看在上天的份上》（*For the Sake of Heaven*，1945），《预示性的信仰》（*The Prophetic Faith*，1950）。在 1925 年，和弗朗兹·罗森兹威格（*Franz Rosenzweig*）一道，开始了重新将圣经译成德语的工作，此项工作最终于 1962 年完成。

从 1899 年起，布贝尔也成了一位主要的犹太复国主义者，担任犹太复国主义者的报纸——《世界》（*Die Welt*）的文化编辑，并作为德语的犹太人的主要期刊《犹太人》（*Der Jude*）的创始人和编辑达 10 年之久；他试图通过这本期刊阐明在欧洲和巴勒斯坦的犹太人的天赋命运。1926 年，《犹太人》（*Der Jude*）扩大成《受造物》（*Die Kreatur*），他和德国的天主教徒和新教徒共同主编了这本杂志。

1938 年，他被迫逃离德国，移民到以色列，在那里，他成为耶路撒冷希伯来大学（Hebrew University）的社会哲学教授。除了就宗教和社会哲学著书和教学外，布贝尔还担任成人教育研究所所长（从

1949年至1953年)，该所专门处理以色列独立后4年中犹太移民大潮的文化吸收同化事宜。如半个世纪前曾经历的那样，犹太复国主义以始终如一地为巴勒斯坦人的公民和宗教权利而呐喊为其宗旨。

1951年退休后，布贝尔进行范围广泛的旅行，包括几次到美国去的旅行，在那里，他到许多主流的神学院和大学做过演讲。虽然以色列并未迅速表示对他的理解和欣赏，但在50年代，他的工作获得了国际赞扬。在德国，他得到了许多具有影响力的奖励和荣誉。莱茵霍尔德·尼布尔（Reinhold Niebuhr）称他为“现世最伟大的犹太哲学家”。其他的评论家曾写道：“他深深影响了当代思潮，包括基督神学”，以及“他和本世纪几乎所有作家作品的重要关系和影响……是毋庸争议的”。《公共福利》（*Commonweal*）曾写道，“布贝尔对各具不同信仰的思想家们都有巨大影响，包括……保罗·蒂利希（Paul Tillich）。”赫尔曼·赫斯（Hermann Hesse）说，布贝尔是“当代世界文学界最重要和最受尊敬的人物之一”。《耶鲁评论》（*Yale Review*）说，他的思想不仅进入了我们时代最具重大意义的社会哲学，而且作为极重要的要素进入了较新的基督教神学之中。

人们把布贝尔描述为“白须飘垂，头颅巨大，身材瘦小的人，颇似古时的先知，”最后，他被他的同胞们确认为一位预言家和哲人。以色列人对他于1965年6月13日享年87岁去世时，表示了悲痛和哀悼。为了表示对这位曾始终不渝为他们的权利而战斗的人的敬意，希伯来大学的阿拉伯学生们在瞻仰布贝尔的遗体时，在其灵床前敬献了花圈。

马丁·布贝尔和卡尔·罗杰斯的对话，是1957年4月18日，在密歇根州的安·阿尔博尔市，由密歇根大学（University of Michigan）组织的有关布贝尔工作的研讨会上进行的。对话由杰出的美国哲学家弗里德曼·莫里斯（Friedman Maurice）主持。

以下为对话内容：

德威特·鲍德温牧师（Rev. Dewitt Baldwin）：这是一个难得的机会——一次我们能享用一个小时时间的会议；在此期间，大家可以同两位想要紧抓各自观点不放的人一道思考。我只想介绍一个人，让他来谈及其他人。你们的主持人是莫里斯·S·弗里德曼教授，来自纽约州布朗克斯维尔市的萨拉·劳伦斯学院（Sarah Lawrence College，Bronxville，New York）的哲学教授。弗里德曼教授是马丁·布贝尔的最佳美国诠译学者。他在哈佛读的大学；在俄亥俄州和芝加哥读的研究生，并在该校获博士学位。他因大学《马丁·布贝尔，对话的生活》（*Martin Buber，the Life of Dialogue*）一书而享有盛名。这样，莫里斯，后面，我就转交给你了。我知道，你会愉快地度过这段时光的。

莫里斯·弗里德曼：谢谢你，德威特·鲍德温。主持这个研讨会我感到非常愉快，因为几年前，当有人向我指出，布贝尔教授和罗杰斯教授在他们的思想上有某些相似之处时，我就倡议，在他们两人之间，进行这次对话。我给罗杰斯博士写了信，他客气地提供了一些论文给我并与我进行了一段时间的书信来往。后来，我又将这些资料，其中包括罗杰斯博士的一些文章，寄给了布贝尔教授。所以，当他们两人以对话形式，在这里发言的构想得以实现的时候，我确实是非常高兴的。我认为这是一次最具重要意义的会议，不仅从心理治疗的角度看是这样，而且从这两位个人都具有处理个人关系和个人转化的办法而赢得我们的钦佩这一事实看也是如此。在他们思想之间有着如此众多的显著相似之处，因而能有幸聆听他们相互交谈，并了解还可能会出现什么争议性的问题，那是非常饶有兴味的。作为主持人，我的作用只是在万一出现这种局面时，使争论点明显突出，或以某种方式加以说明。我想不用介绍布贝尔教授了，因为这个研讨会就是以他为中心召开的。同样，我相信你们也不需要我介绍罗杰斯教授了。他作为过去被称为非指导性治疗法的创始人早已蜚声遐迩。现在，我相信，他把这一疗法更名为当事人中心治疗法（Client-centered Therapy），并担任芝加哥大学咨询中心主任，定与该校的神学院系，名人和宗教课程等都具有富有成果的关系。这次对话的形式为：由罗杰斯博士向布贝尔博士提出问题，布贝尔博士将予以回答，或以问题的形式，或以陈述的形式。

我们就让他们这样开始吧。罗杰斯博士，请。

卡尔·罗杰斯：在开始和布贝尔博士谈话之前，我要对听众说明的一件事就是这次对话是绝对未经事先排练的。天气使我不得不花了整整一天时间才到达这里；因而，仅在一两小时前我才见到布贝尔博士，虽说很久以前，在他的著作中已经见过他了。

布贝尔博士，我想我要向你提出的第一个问题听来也许不甚切题，但是，我想说明一下，然后也许就不会看来不切题了。我很想知道，你既然不是一位心理治疗师，对人际关系，你是如何体验得如此深刻，并对人的个体有如此了解的？（布贝尔大笑。）我之所以问的原因是，依我看，我们中许多人已经开始意识并体验到，你在你的著作中所表达的那些同类知识，其中一些，我们常常是通过我们在心理治疗中的体验才获得的。我认为，关于治疗关系，存在着赋予我们某种许可的默契，几乎是正式合法的许可，让我们可以进入和某个个人深层而密切的关系中去。从而，我们常常就那样很容易地获得很深入的了解。我想起了我的精神医师朋友，他说，他从来没有像在治疗性面谈中那样，对一个人作整体的了解，或者有同样多的感知。我也有同感。同样，如果不是过分涉及隐私的话，我会很感兴趣地聆听你说说，能使你如此深层了解人以及关系的认知渠道是什么？

马丁·布贝尔：嗯，这颇像是一个有关个人生平的问题。我认为，我必须给出两个回答，而不是一个。一个是，请允许我说，我并非完全是个精神病学的门外汉，因为很久以前，我做学生的时候，我就学过三学期的精神病学，以及德语称之为 Psychiatrische-Klinique（精神病临床治疗学）的课程。我对这后一门课程最感兴趣。你知道，我学精神病学并非要成为一名心理治疗师。我学了三学期，第一学期是在莱比锡（Leipzig），那里有冯特（Wundt）的学生。随后，在柏林（Berlin）跟曼德尔（Mandel）学习。第三学期跟勃勒尔（Bleuler）学习，这是三学期中最有趣的一学期。我当时仅是个很年轻，没有经验，并不十分懂事的年轻人，但是，我想要理解人以及处于所谓病理状态中的人。当时，我甚至怀疑那是不是个正确的专业术语。如果有可能见面的机会，我想看看这样的人。如我的记忆所及，我也想过建立起联系，一种在我们称之为神志健全的人和我们称之为病理状态的人之间的真正关系。而我在某种程度上认识到了这一点——在一个 20 岁左右的孩子能认识到这类事情的范围之内的。(**咯咯的笑声。**)

关于什么是主要促使你提出询问的缘由，那是另外一回事。那仅是一种想与人会晤的意愿；仅仅是想，在可能范围内，在这另一人身上激发某种改变，但也让我为他所改变。不管怎样，对此，我不曾有过任何抵触……也不会进行任何抵制。我年轻时就开始是这样了。如果在法律认可的范围内，我不能坦然开放地被他所改变的话，我就没有权利去改变别人。某些事情是会得到改变的，而他的接触交往，他的观念想法就能或多或少地使其发生改变。比方说吧，我不能凌驾于他，并对他说，“不，得了，我退出。你疯了。”所以，根据我的——让我想想。那有两个阶级：第一个阶段持续到 1819 年 (1918)，也就是直至我 40 岁左右的时候。然后，在 1819 年，我有某种颇为奇怪的感觉。我感觉到，我受到了当时刚刚结束了的某件事的强烈影响，即第一次世界大战。

罗杰斯：在 1918 年吗？

布贝尔：是的。当时战争已经结束，然而在战争正进行之中，我并未十分感到这一影响。但在结束之后，我却感觉到了，“啊，我已经受到了可怕的影响，”因而我无法抗拒当时所发生的事情，或许可以说，我是被迫经历它的。你知道吗？就在这个时刻发生的那些事情。你可以把这叫做“想象”“现实”。想象当时正在发生的事情。这一想象极大地影响了我达四年之久。1919 年 5 月，战争因某一事件而结束时，我的一位朋友，一位挚友，一位伟人，被反革命士兵以非常野蛮的手段杀害，现在又再一次——而这是最后一次——我又不得已想象到这次屠杀，只是并非仅用肉眼看到，可以说，是用我的“身体”感受到了。而这就是那个决定性的时刻。在此之后，在这一状态下的几个昼夜之后，我感觉到，“啊，某种作用已经在我身上发生了。”从那时起，和人们的这些会面，特别是和年轻人的会晤，已经是，已经变为，以稍稍不同的形式来进行的了。我已经有了一次关键性的经验，长达四年之久的经历和许多具体的体验。因此，从这时起，我就必须付出比仅有交换思想和感情等的意愿更多的东西，我必须给出经验的成果。

罗杰斯：嗯。听来，你好像是在说，知识或者说某些知识，你在20岁时就已经掌握了。此外，关于人际关系，你所拥有的某些知识是来源于你愿意和人们坦诚相见，而并非想要控制他们。还有——我把这看成是一种三重回答——于是第三，来源于对第一次世界大战的真实经历，不过是以你的情感和想象去经历而已。

布贝尔：正是这样。因为这后者真正是，我无法用别的语言来说明，真正是和那些人，在战争中受伤的或被杀害的人一道生活的经验。

罗杰斯：你感受到了他们的创伤。

布贝尔：是的，但情感——这个词，不够深刻有力。

罗杰斯：我想提个建议，尽管会打断一下我们的谈话。我不能同时既面对话筒又面向你。我把桌子稍稍转动一下，你看怎样？(移动桌子。)

布贝尔：这样行吗？

罗杰斯：我看，那样似乎更好些。

莫里斯·弗里德曼：虽然他正在转化之中，但我要承认，罗杰斯教授的问题使我想起一位浸礼会神学院的学生，他向我谈到布贝尔教授的思想；在离去时，他说，“我一定得问你一个问题。布贝尔教授是如此的心善，他怎么不是一位基督徒呢？”(大笑声。)

布贝尔：现在，或许我也可以给你讲个故事，不是关于我的，也不是一则趣闻轶事，而是一个真实的故事。一位信奉基督教的军官，他必须给战争中的，第二次世界大战中的一些人作解释，对他们——士兵们——解释有关犹太人的问题。当然，他先从说明希特勒（Hitler）的意图等开始。他对他们解释说，犹太人并非就是一个粗野的民族，他们也拥有伟大的文化，等等。接着，他对当时在场了解的某些情况，并正向士兵们作介绍的一个犹太士兵说，"很好，你继续说下去，告诉他们一些情况。"这个年轻犹太人就将有关以色列人，甚至有关耶稣的事情告诉了他们。针对这一情况，其中一个士兵回应说，"你是想告诉我们，在你们的耶稣来临之前，我们不曾成为信奉基督的人吗?"（大笑声。）

罗杰斯：好了，我想转向我经常思考的一个问题。我一直很想知道，你将其命名为"您—我"关系的概念是否与我将其视为治疗关系中的有效时刻相类似？如果你同意，我可花片刻时间来谈谈我认为是其中最重要的实质内容，然后，你也许能够从你的观点来对其加以评论。我觉得，当我作为治疗师有效地发挥作用时，我是作为一个具有自我意识的人，而不是作为一个审视者，或者一个科学工作者，进入到了这种关系之中。我也感觉到，当我的作用发挥得最为有效时，这时，不知怎么，我就相对地整个人都处在这种关系之中了，或者说，对我有意义的话语就明白易懂些。无可否认，我的生活的许多方面可能还未带进到这种关系中来，但带进到关系中来了的方面都是清晰透明的，不存有任何遮掩隐瞒。这时，我也认为，在这样的关系中，我感觉到一种真正的意愿，愿这位他人成为真正的他（to be what he is）。我把这称之为接纳（acceptance）。我不知道，那是不是表达这一情况的最佳词语。但我在这里的意思是，为了他，我愿拥有他所拥有的情感，持有他所持有的态度，成为他那样的人。另外，这种关系对我重要的另一面是，我认为，在那些时刻，我能够很清楚地觉察到他看待他自身经验的程度和方式，即真正从其内心观察其状态，而又不失我自己在这关系中的人格身份或独立状态。这时，如果除了在我方面（on "my" part）的那些情况外，我的当事人（client）或与我同其一道工作的那个人，在我身上多少能觉察到那种态度；这时，在我看来就有一种人和人的真正的、体验式的交流，在这种交流中，我们每个人都会发生改变。我认为，有时当事人比我改变得更多，但是，我认为在那种体验过程中，我们两人都发生了变化。现在，我把那种关系看成与你在“您—我”关系中曾谈到过的那种情况有些类似之处。但我认为仍存有差异。关于“您—我”关系中两个人的晤谈，涉及你的想法的那些描述，你的看法如何，我很想听听你的意见。

布贝尔：关于你的想法，我也要提一个问题。首先，我得说，这是一个治疗师的行为。这就是说明对话的出现有特定的时刻的一个最好例子。我的意思是说，两个人共有某个情境。根据你的观点，这一情境是——时刻并不是个最贴切的字眼，但我们还是根据你的观点来理解它——这是一个来到你面前寻求特殊帮助的患者。现在——

罗杰斯：我可以插一句话吗？

布贝尔：请讲。

罗杰斯：我觉得，如果根据我的观点，这是个患病的人，这时，我恐怕就不会是尽我可能的那样有帮助了。我觉得他是一个“人”。是的，其他人可能说他是有病的，或者，如果我从客观的角度来看他，那我也可能会同意，“是的，他是有病的。”但在进入某一关系时，这在我看来就是，我是否要把这看成是“相对而言，我是健康人，而这是一个患病的人”……

布贝尔：我没有这个意思。

罗杰斯：……这毫无用处。

布贝尔：我并不是说……让我来删去“患病的”这个词吧。一个来向你求助的人。在此情境中，你和他的角色之间的实质差别是显而易见的。他来向你寻求帮助，不是你去向他寻求帮助。不仅是这样，而且你能多少给他一些帮助。他虽能为你做某些别的不同的事情，但不是帮助你。还不仅如此，你真正了解他，但我并不是说，你不可能错，而是如你说过的，你了解真正的他，本来的他。他却不能，显然，不能了解你，不仅不能对你有深度的了解，甚至连了解都说不上。当然，你对他来说，是个很重要的人，但不是他想要了解和认识并能够了解和认识的人。你对他是重要的。你是……他正在艰难地四处挣扎，最后，来到你这里。我或许可以这样说，他纠缠在你的生活之中和你的思想上，扰乱你的存在，你的交往等，但他不是因为你是你而对你感兴趣。事情不可能是这样。而你是把他作为这个人而感兴趣的，你这样说是正确的。他不可能具有并表现出这种超脱的气质。现在，就我所知，这就是第一要点。第二是——现在请讲，你可以随时打断我的讲话。

罗杰斯：我真正想要了解的就是这一点。事实是，较之他看我，我能够较少歪曲地看待他，我能起到帮助他的作用，而他却并不力图在同样的意义上来了解我——这就是你用超脱气质所表示的意义吗？我就是要弄清楚。

布贝尔：是，就这一点。

罗杰斯：行。

布贝尔：好，在我看来，第二个事实是你和他共同所处的这种境况，不过是从两个不同的侧面而已。你是处在这个境况的一侧，我或可这样说，是在多少更为积极的一侧，而他是处在多少较为受动的一侧。即相对而言，是既不完全积极，也不完全被动的一侧。我们就从你的角度和他的角度两方面来看看这个共同的处境吧。这同一处境，你能从两个侧面看到、感到、体验到它。从你一侧看到他、观察他、了解他、帮助他……从你一侧也从他的一侧。我敢说，你能够亲身地体验到他那一侧的境况。比方说，你给他做某件事时，你首先感觉到你自身受到你给他所做事情的触动。而他就根本做不到这一点。你处在你一侧，同时也处在他一侧。这边和那边，或者说，那边和这边，他所处的位置和你所处的位置。而他只能处在他的位置。这一点，你愿意，你不仅愿意而且你需要；你的内在需要可能就是真实的你。我同意这一点。对此，我毫无异议。对于这一状况，你必然持有不同于他的另一种态度。你能做他所不能的某件事。你们并非是同等的，也不可能是同等的。你有那项重大的任务，自愿承担的任务——一种补助他的这种需要的，比在正常情况下要做更多事情的，自觉承诺的重大任务。不过，当然存在着极限。请允许我告诉你，当然是根据你作为一位治疗师，一名助人者，或辅助康复的经验，来告诉你必须反复体验这一点——单纯人性的极限。就单纯的人性来说，我和我的搭档，其意义对此对彼都是*相同的*，在同一个水平上。我知道你的意思是想说在相同的水平上，但是你又不能。因为不仅有你，有你的思维方式，你的做事方法，还有某种特定的环境——我们就是如此这般的——这有时可能是悲剧性的，甚至比我们所说的悲剧性更糟糕。你无法改变这种情况。人性，人的意志、人的理智并非一切。还有我们需要面对的某种现实。这点，我们片刻也不能忘……

罗杰斯：你这些话无疑在我的头脑里激起了许多反响。我想其中之一就是这一点。我就首先从我们会取得一致意见的想法开始讲吧……我猜想你会同意，如果这位当事人能体验到他所陈述的情况，而且能感觉到我对这件事的理解和反应的程度等时，那么，治疗就真的即将结束了。

布贝尔：不，这并不是我的意思。

罗杰斯：好吧。但是，我感觉到的另一件事就是这一点。我有时怀疑这是否只是我的个人特有习性，但是，在我看来，当另一人在真实地说明自己的思想和体验等时，我并未如你所描述的那样感到与他有何不同。也即是说，我完全不知道如何表述这一点才好，但是，我感到好像就在那个时刻他看待他的体验的方式，虽然可能被歪曲，但我仍旧能够将其看成是与我看待生活和经验的方式具有同等权威性、同等有效性。在我看来，在某种意义上，这一情况确实是实施帮助的基础。

布贝尔：是的。

罗杰斯：我确实感觉到我们之间存在着一种真实的平等意识。

布贝尔：这毫无疑问。但我现在不是在谈论你的感觉，而是在谈论一种真实的情境。我的意思是说，如你刚才所说，你也是着眼于他的体验。你和他都不着眼于你的经验。着眼的主体对象无一例外地是他和他的体验。比方说，在和你谈话的过程中，他不可能改变他所处的地位而来问你，“啊，医生，你昨天上哪里去了？啊，你去电影院了吗？是什么影片，你的印象怎样?”他不可能这么做的。因此，我非常清楚并体会到你的想法、你的态度、你的参与。但是你改变不了这既定的处境。客观上在你面前存在着某种你要处理的实际问题。他不仅面对你这个人，而且也面对这一处境。你不可能改变它。

罗杰斯：那好吧，我现在想知道，谁是马丁·布贝尔，是你还是我，因为我所感觉到的……（大笑声。）

布贝尔：可以说，我不是带引号的“马丁·布贝尔”，你说呢。

罗杰斯：在这个意义上，我也不是“卡尔·罗杰斯”。（大笑声。）

布贝尔：你知道，我不是一个带引号的，有如此思想的人。

罗杰斯：我知道。我认识到了这一点。除开那些开玩笑的话外，我所要说的就是这一点。我认为你完全正确，存在着一种客观的情境，一种能够被估量的状况，一种真实境况，如果人们能严密地去考察，不论何人都会认同的一种情境。但是，我的经验是，当从外部去看时那一情境是现实的，但它实际上与产生治疗效果的那种关系没有任何关联。那是某种直接的、对等的东西，两个人在平等的基础上的会晤——即使在“我—它”关系（I—It）中，它也可能被视为一种很不平等的关系。

布贝尔：好吧，罗杰斯博士，这就是我们应当对彼此说，“我不同意”的第一个论点。

罗杰斯：对。

布贝尔：你知道，我不能只着眼于你，只着眼于事情中你的那部分，只着眼于你的经验。我们来举个我也能对他，对这位患者谈话的病例吧。当然，我会从他口中听到关于这同一时刻的非常不同的陈说。现在，你知道，我不是一个治疗师。我对你和他都感兴趣。我必须了解这个情境。我必须了解在这为悲剧所环绕的对话中的你和他。有时候，在许多病例中，只要用你的方法，悲剧就能够避免。对于你的方法，我毫无异议。关于这一点，无须多说。但是，有时，仅有方法是不够的。你不可能做所有必须要做的事。现在让我来问你一个似乎与此无关的问题，但它却是同样的论点。你一定和精神分裂症患者有过很多接触。是这样吗？

罗杰斯：有些接触。

布贝尔：你和……比如说，你也和偏执狂患者有过接触吗？

罗杰斯：有些接触。

布贝尔：啊，你是要说，在这一病例和那一病例中，情况都是一样的吗？我是说，就其涉及你和那另一个人之间的关系而言的那种情况。你所描述的这种关系是否就是这一病例和那另一病例中的同一种类的关系呢？这就是使我很感兴趣的一个案例，一个问题，因为我年轻时就对偏执狂症非常感兴趣。我对精神分裂症知道得更多些，且也常常对其非常感兴趣，同时，我想知道，你曾——这一点有重要意义——你能和这正好同一种类的偏执狂患者面对面晤谈吗？

罗杰斯：请先让我对我的回答作某种程度的修正。我不曾在精神病医院工作过。我交往的人多半都是那些至少在社区中能做出某种程度顺应调整的人，这样，实际上，我不看慢性病人。另一方面，我们既处理精神分裂症的个人，也处理确诊是偏执狂的其他病人。我想说件事，但又感到迟疑不决，因为我意识到这会受到精神病学和心理学方面不同意见的强烈反对。我要说的就是，在我和正常人、精神分裂症病人、偏执狂症患者，所形成的这种关系中，不存在任何不同之处——实际上，我并未感觉到任何差异。当然，这并不是说，当……还是，从外部看它这个问题。如果从外部来看这种关系，就很容易辨认出大量的不同之处了。但在我看来，如果治疗有效，不论有什么样的精神病学标签，人们的会面晤谈，就是这同样的一种。你所讲的某些内容的一个次要论点引起了我的注意。

依我看，人们最可能发生转变的时刻，或者，我把它称之为人们真正发生转变的那些时刻，也许就是这种关系在两方面都被体验到是相同的时刻。当你说，如果你对我的病人谈话，你就会获得一幅完全不同的图景，我同意，针对在面谈中出现的许多事情，情况的确是这样的。但我预料那会是在真正的转变发生的那些时刻，那会是由于已有了人们真正的交流，在此过程中，对于这种关系双方都有相同的体验。

布贝尔：是的。这一点是真正重要的。

莫里斯·弗里德曼：这里，我可以插问一个问题吗？

布贝尔：不，请稍等片刻行吗？我只想给罗杰斯博士解释一下，为什么这个问题对我，同时也对你的回答都特别重要。在我看来，一个非常重要的核心问题就是界限问题。也就是说，我做某件事，我试用某样东西，我想要某样东西，我就将我一切现有的思考投入到做这件事中去。随后，在某一时刻，我来到一堵墙跟前，一条边界线跟前，一条我不能，我不可忽视的界限跟前。对于比任何东西都使我更感兴趣的事情，人的有效对话来说，情况也是这样。对话的意思并不仅指谈话。对话可能是默不作声。也许我们没有听众也要进行对话。我就建议这么做，即使没有听众。我们能够坐在一起，说得确切些，我们能默默地一起散步，那可能就是一次对话。但这样，甚至在对话中，在充分的对话中，仍有某种设定的界限。这就是我之所以对偏执狂感兴趣的原因。这里就有某种给对话设定的界限。有时对精神分裂症患者谈话是很困难的。就我在这方面的经验看，在一定的时刻，这种对话，我怎么说呢，是肤浅的，很不深刻的！——只要精神分裂症患者愿意让我进入他那一般不让他人进入的，属于他自己的特殊世界，我就能和他进行对话。如果他让某些人进入，那么他就可能也让我进入。但在他将自己封闭起来时，我就无法进行工作。偏执狂病例也是同样的，不同的只是在态度举止上非常激烈极端而已。他不开放自己，也不封闭自己。他就是封闭的。存在着某种其他的事物正作用于他，将他关闭起来。

我强烈地感觉到这种命运的可怕性，因为在正常人的世界里，当一个心智健全的人行为处世时，不会对所有人关闭自己，仅对某些人才会如此。问题是能否使他敞开自己，他能否主动敞开自己，等等。而这是一个人类的普遍问题。

罗杰斯：是的，我认为我把这看成……

布贝尔：现在，弗里德曼博士想要加入进来……

莫里斯·弗里德曼：这是我作为主持人的职责。对于刚才就偏执狂和精神分裂症患者所进行的对话之前那段意见交换中，究竟在多大程度上是争议问题，多大程度上可能是术语使用上的不同，我还不十分有把握，所以让我来进一步向罗杰斯博士请教。如我所理解，布贝尔说的这种关系是一种"您—我"关系，然而在你们的会谈中，你从他的立场看问题，而他却不能从你的立场看问题，在这种意义上，这种关系就并非是一种完全对等的关系。在你对此的回应中，你反复提到所进行的会谈，甚至提到双方可能产生的转变。但我不曾听到过你提及他并不从你的立场看问题，或者说，在他也是在帮助你的这个意义上，则是完全对等的这回事。我拿不准，这是否不仅仅是一种差异，如不是词语上的差异和观点上的差异的话，你何时在思考你对他的感觉，即他是一位和你平等的人，你尊重他。

布贝尔：仍旧存在着一种决定性的差异。这不是不赞同帮助别人的问题。帮助别人是一回事。他是一位愿意帮助别人的人。他的整个态度就是这种积极助人的态度。我想说的是，这里存在着天大的差别，但我更宁愿说，有着地大的差别，一种有别于你的态度的差异。这是一个处于健康状态的人。一个被帮助的人不可能想到，也不可能想象帮助他人。他怎么可能呢？

罗杰斯：但那就是某些差异产生的所在。在大多数实际治疗时间里，我认为，这种想要助人的意愿和我的基本理念是完全一致的。诚然，如果那不是我意向的一部分，我不会干这项工作。当我第一次见到我的当事人的时候，我希望我能做的就是能够帮助他。

不过，在这个时刻的交流中，我不认为，我的头脑里全是“现在，我要帮助你”的想法。而更多的是“我想理解你。在那妄想般的屏障后面，或者，在所有这些精神分裂的混乱状态后面，或者，在你的真实生活中，你所佩戴的所有这些面具后面，你是个什么人？你是谁？”依我看，那是一种想与人交流的愿望，不是“我现在要帮助你”。在我看来，通过我的亲身经历，我已经认识到，只有在我们能交流的时候，帮助才能实现，但那是一种副产品。

莫里斯·弗里德曼：罗杰斯博士，然而那个人对你并不持有“我要理解你，你是哪一种人？”的态度。在这个意义上，这就不是对等的。你不同意这种看法吗？

罗杰斯：关于这一点，我做了的唯一修正也许就在真正的转化发生的时刻。既然是那样，我能够见到的这个人正是那个时刻的他，同时他真正意识到我对他的理解和接纳，在这一意义上，我不知道这是不是对等的。我认为，那就是对等的关系和可能导致转化的因素。

布贝尔：嗯。你知道，就你的经验来说，我当然完全同意你的观点。但就我必须着眼于整个情势，就你的经验和他的经验来看，我又不能完全赞同你的意见。你知道，你给予他某些东西，以便让他和你对等。在他和你的关系中，你满足他的需要。作为个人，我可以这样说，你出于某种充实而给予他所缺乏的东西，以便他能够，可以说仅为此一片刻，与你对等。但即使那样也是偏离常轨的——那是一种突然的转向。那是一种仅能维持片刻的转向。就我所知，那不是一种情势，不是一个小时的情势；那只是一种几分钟的情势。而这几分钟是因你而成为可能的，绝不是因为他。

罗杰斯：我完全同意最后那一点——但我确实又觉察到了某种真正的分歧，因为在我看来，我给予他的是“以便他是”。这与赠给他某样东西是有点不同的。

布贝尔：使生活对于另一个人成为可能，即使只是片刻。我想没有人能比这给予得更多了。我和你看法相同。

罗杰斯：很好，如果我们不警觉，我们就会意见一致了。（大笑声。）

布贝尔：现在我们继续吧。

罗杰斯：我真想转换另一话题，因为正如我对你的著作的了解，我似乎已觉察出另一种类型的，在我的工作中对我具有重大意义的会面晤谈，而据我所知，你并未提及。关于这一点，直到现在，我可能是弄错了，我也不知道。但我的意思是说，最重要的一种类型的会晤或关系是这个人与其自身的关系。还是在治疗中，我必须借重于治疗，因为那是我的经验背景，有一些非常生动的时刻，其间这个个人正面对着他自身的某个方面，一种他以前从来没有承认过的感情，一件他以前从未认识到的，在他内心具有重要意义的某件事情。那可能是任何一件事情。那可以是他强烈的孤独感，或者他感受到的极度痛苦，或者某种如他的勇敢那样的十分积极的品质，等等。但是我认为，无论如何，在那些时刻，存在着某种具有与我在真正的面晤关系中所理解到的相同性质的东西。他在感情内，感情在他内。那是弥漫他全身的东西。他以前从未经验过它。我认为，在一种非常真实的意义上，它或可描述为：和他自身以前从未接触的某个方面之间一种真正的晤谈关系。现在，我不知道，在你看来，这是否好像过分引申了你所应用的概念。我认为，我就是想要得到你对这一点的反应。在你看来，那是否像是一种可能的真正关系或会晤吗？我要把这更向前推进一步。我有这样的感觉，即正是当这个人，在那种意义上，也许在许多不同的层面，与他自己会晤的时候，也许仅仅这时，他才真正能够参与"您—我"关系中的另一方晤面。

布贝尔：这里我们要探讨一个语言问题。你把我不能叫做对话的东西称作对话。但是，我能说明，为什么我不能这样叫它，为什么我要在对话和独白之间给它寻找另一个专门用语。对于我叫做对话的这个过程来说，存在着实质上不可或缺的那个惊愕的时刻。我的意思是……

罗杰斯：你说“惊愕”吗？

布贝尔：是的，感到惊愕。对话……让我们以一件琐碎的小事为例吧。对话就和棋类游戏一样。下棋的全部迷人之处就在于我不知道，也不可能知道，我的对手会下哪一着。我为他下的棋感到惊愕。而这整个游戏的基础就在于这种惊愕。现在你提示到，一个人能使自己吃惊，但是，其方式是非常不同于一个人使他人吃惊的方式的。

（在换磁带的过程中，布贝尔博士继续对真正的对话的特征进行描述。第二个特征是，在真正的会面或对话中，与另一人的不同之处，他的不同性（otherness），是受到尊重的。）

罗杰斯：前两个方面……我希望，或许某个时候，我能给你放面谈录音，以说明对话中如何存有惊愕成分的。也就是，一个人能在陈述某件事的时候突然想到来自他自己内在的，从未认识到的那件事的重要性。他实际上是对自己感到吃惊。这种情况肯定是有的。但是，我认为与你的对话概念最格格不入的地方在于，他身内的这种相异性并不是某种要重视的东西。我认为，在我现在谈到的这个人内心的这种对话中，正是那相异性恐怕会遭受破坏。我确实意识到，关于这一点的整个讨论可能某种程度上也是以词语的不同使用为基础的。

布贝尔：你看，我可以附带提个技术性的问题吗？在我的生活历程中，我学会了重视术语的应用。我认为，在现代心理学中，这种术语的应用，在相当程度上尚未存在。当我发现某物实质上不同于另一物时，我就要给它一个新的专用名称，赋予它一个新的概念。例如，现代心理学一般谈到潜意识，说它是精神的一种确定状态。这对我不具任何意义。如果某个事物是如此的不同……如果两件事物彼此是如此的不同，就像这种灵魂的内在特质一样，每时每刻都在变动着。在我试图从一侧掌握它的活动行径时，却什么也抓不着——这种纯时间上的存在；同时还和我们所称的潜意识形成对照，那根本不是一种现象，我们无法接触到它，我们只能和它的结果打交道。我们不能说这第一方面是精神现象或那第二方面是精神现象；潜意识，我怎么说好呢，是某种精神现象和生理现象的混合物。但这样说是不够的。它们以这样一种方式相互渗透，致使我们联系到这一点把灵魂和躯体这些专门词语看成是要展示的新的术语，新的概念；而概念绝不是现实。现在，我们又能怎样完整地领会这样一概念呢？

罗杰斯：在那点上，我非常同意你的看法。我认为，当一种体验肯定是属于一种不同类型时就应被给予不同的专用名称。我认为在这点上我们的意见是一致的。由于时间的关系，我想提一个对我来说具有重要意义的问题，但我不太清楚如何来表述。姑且让我大致这样来说明吧。当我看到人们由于治疗的关系而走到一起来时，我开始相信，并感觉到，体验到的事物之一就是：我视为人性或基本人性的东西——这并不是太理想的专门用语，你或有更好的陈述办法——是某种真正应当被信赖的东西。而在我看来，在你的某些著作中，我发现那种相同感觉的某些东西。无论如何，这完全是我在治疗中的体验，即一个人无须额外补充趋向于积极性的或建设性的事物的动机。那已然存在于个人之内。换句话说，如果我们能将存在于个人内部的这种最基本的东西释放出来，那它就会是建设性的。现在，我不知道……还有，我只是希望，那也许会激发你的某些评论。

布贝尔：我还未明白这个问题的准确意思。

罗杰斯：我提出的唯一问题是你同意吗？要不，如果我说得不清楚，请问我别的问题。我将尽量以另外的方式给予说明。在我看来，正统的精神分析至少认为，当个人被展示出来时，当你真正认真对待这个人的内心事物时，他的组成结构主要是本能和态度等这些必须得到控制的东西。这正好和我的经验相反，我的经验是，当你触及个人最深层的东西时，那就正是能够被信赖是建设性的，或者是倾向于参与社交的，或者是倾向于发展更好的人际关系的方面。这对你来说具有意义吗？

布贝尔：我知道。我想以稍微不同一点的方式来说明这一点。就我所知，当我和，比方说，一个成问题的人，或者说一个病人，进行专业交往时，一个成问题的人就是人们称其为，或想要称其为不健全的人（a bad person）。你知道，总的说来，这个实际上与我们所谓的精神特质（the spirit）有关联的人不会被人们视作健全的人（the good people），而只会被视为不健全的人，成问题的人，不被接纳的人，等等。正常的人可以和他们交朋友，但是并不需要他们。因此，我就只对这些所谓不健全的，成问题的等等的人们感兴趣。我的经验是，如果我继续下去，这就接近于你的说法，不过，仍略有不同；如果我接触到这个人的真实实际，我体验到的会是一种截然对立的实际。通常我们说，这要么是甲，要么是非甲。它不可能既是甲，同时又是非甲。这是绝不可能的。我的意思是，你所说的可能会受到人们的信赖，但我要说，这是处在和这个人身上可信度最小的一面的对立关系之中。也许在这一点，我和你不同；你不能说，“啊，我在他身上发现的正是那可信赖的一面。”而我要说的是，当我看到他，当我比以往更广泛、更深刻地了解他时，我就看到了他的整个极端性，并进而了解到他身内的最坏的一面和最好的一面是如何相互依赖、相互依存的。我能给予帮助，我或许可以通过帮助他改变两极之间的关系来给予他帮助。但不仅只通过选择，而是通过他对一极（相对于另一极）施加一定的力度来实现。由于这相对的两极，从性质上看，彼此是非常相似的，所以我说，在一个人的心灵中，并非如同我们通常认为的那样，存在着相对立的善与恶。而是存在着一种，一而再、再而三，以不同形式出现的极端性，这两极并非是善与恶，而更确切地说，是是与否，是接受和拒绝。我们能加强，或者说，我们能帮助他加强这积极的一极。也许我们甚至能够加强他身内的方向指导力量，因为这种极端性常常是无方向性的。它是一种混乱状态。我们或许能够给它输入一个和谐的音符。我们能帮助恢复秩序，使之恢复良好的健康状况，因为我认为善，我们称之为善的这个善，常常只是一种导向，而并非物质。

罗杰斯：我特别注意到最后那一部分，你刚才说，我们或许能够帮助这个个人加强这“是”的一极，那就是肯定生命，而不是拒绝生命。是这样吗？

布贝尔：是的。你知道，我仅在这字眼上有不同看法。我不想给它赋予一个目标。

罗杰斯：（对弗里德曼博士说）你好像想说点什么。我想我们在这点上可以永远说下去。

莫里斯·弗里德曼：我作为主持人的职责就是要使争议点突出分明。我觉得，这里已经触及两个相互关联的话题，但或许尚未，而且凸显出来。我觉得它们是很重要的。我想清楚了解。当罗杰斯博士询问布贝尔教授有关他对心理治疗的态度时，他提到了接纳，他是将其作为治疗研究中的诸因素之一而提出的。现在，如我们昨晚所看到的，布贝尔教授经常使用“确认”一词。根据他们今晚的发言以及我对他们著作的了解，我感到，真正重要的或许是，要澄清他们俩人的不同用词的意义是否有相同之处。罗杰斯著文谈接纳，并认为那是一种对他人的热情关注及对其个性的尊重，对他作为一位具有绝对价值的人的敬重；那就意味着“对他此刻态度的接受和关注，不论它们与他以往所持的别的态度是如何强烈地予以批评。这种对每一位的每一动荡不定的方面的接纳，成功地成为对他的一种热情和安全的关系”。现在，我想知道，布贝尔教授是否会将确认视作类似于接纳，或者，他是否把确认视为包含着不被接纳，包含着对每一人作出某种要求。这在某种意义上，可能意味着不接受他当时的情绪，以便以后对他进一步作出肯定。

布贝尔：我要说的是，两个人之间的每一种存在性关系都是从接纳开始的。用“接纳”一词，我的意思是——这两个概念也许不完全相同——说接纳，就是能够说出，或者相反不说出，仅让对方感觉到，我是就其现实状况接纳他的。我接受你只是因为是你。是的，是这样的。但是，说确认对方，那还不是我所说的意思。因为，在他的现实情况下，接纳只是接受他的当前状况而已。而确认首先意味着接受对方的全部潜在性，甚至对其潜能产生决定性的影响。在这点上我们当然可能会一再犯错误，但这正是人们之间的一种机遇。我能够或多或少地在他身上辨认出，在他身上认识到，他受造成为（created to become）——我只能用这个词来说明——要成为的那个人。在简单确切的语言中，我们为它找不到专门的用语，因为在确切的语言中，我们找不到表述“成为要成为的人”（Being man to become）这一概念的专门用语。这是我们必须尽力理解和掌握的，即使不在一开始就如此，那么在这之后就该做到。……男人并不需确切明言，而仅通过他和她的整个关系，就说明了，“我如实地接受现实的你。”但这句话的意思并不是说，“我不要你有所改变。”而是说，“我正是通过接纳在你身上找到了爱；在你身上我发现了你必要成为的角色。”这当然不是什么要费大量唇舌来表白的东西。但是这种含义可能随着共同生活时日的增长而越发突显出来。你的意思是这样吗？

罗杰斯：是的。我认为，那听来很像我认为是接纳的那种经验的性质，然而，我曾想以不同的方式来表述。我认为，我们确实接受了这个个人及其潜能。我认为，真正的问题是，由于他常常表现出一副忧伤的模样，如果我们不是在某种程度上也意识到并看出了他的潜力，我们能否照他当前的实际状况接纳他这个人呢？我想我也感觉到了，这种无保留的接纳，对这个个人如其现有实际状况的接纳，是我所知促成转变最强有力的因素。换句话说，我认为，这确实促成了转化，或者说，释放出了当前实际的、当前完全的那个自我的潜能，我被完全接纳——这时，我只有改变。因为我觉得预防性壁垒不再有存在的必要，这时取而代之的就是生活本身向前发展的过程了。

布贝尔：对此，我恐怕不像你那样有把握。这可能是由于我不是治疗师的缘故。而我却非得和这类成问题的人打交道不可。如果没有这种两极性，我就不可能在我和他的关系中有所作为。我不能对此置之不顾。如我说过的，我必须和两个人打交道。我必须和他内部的那个成问题的人打交道。我必须……有这样的情况。我必须帮助他抵制他自己，逆自己的想法而行事。他需要我的帮助。他需要……你知道，首当其冲的第一件事就是他需要信赖我。是的，生存对他来说已经成为没有着落的了。他感觉不到脚下坚实的土地，踩不着牢固的地面，可以说，他是悬在空中的。然而，他想要什么呢？他要的是一种存在，一个不仅能让他像一个人依赖另一个人那样的可依靠的实体，而且能使他确实感到“存在着土地，存在着一个存在实体。这个世界并未处于匮乏、衰退、毁灭的境地。这个世界还能得到拯救。我能得到拯救，因为存在着这种信赖。”如果这种情况得以实现，即使在他和其自我的斗争中，我也能给他以帮助。但我只有能够区分接纳和确认，才能做到这一点。

罗杰斯：我觉得，进行对话的一个难题就是很可能谈起来没完没了，毫无结果。不过，我想，那就要既对布贝尔博士发慈悲，也要对观众发慈悲，这就是……

布贝尔：你说什么？

罗杰斯：我说出于对你的照顾……

布贝尔：不要照顾我。

罗杰斯：行……（大笑声）出于对观众的照顾。

莫里斯·弗里德曼：我是否可以不识趣地最后提一个问题呢。那就是，我的印象是：一方面，罗杰斯博士比布贝尔博士，在治疗过程的“您—我”关系中，更多地强调互动性；而另一方面，我获得的印象是，罗杰斯博士是更加以当事人为中心的……

布贝尔：什么？

莫里斯·弗里德曼：是更为以当事人为中心的……（大笑声）……更为关注人的转化过程。在最近的一篇文章中，他谈到能够相信人的机体会寻得自信的满足，会表现自我。他还谈到人的价值所在是在人的内部，而从我和布贝尔博士偶尔碰面中所获得的印象是，他把价值更多地看成处于内外两者之间。我不知道，这是否就是你们两人之间的争论焦点呢？

罗杰斯：关于这一点，我可以谈谈我的看法。陈述这一观点，我的用词可能完全不同于你所使用的措辞，但我认为所谈及的仍是同一件事。由于近几个月来，我一直极力思考着这件事，我看，你可能表明治疗所要达到的目标，而我却认为个体成熟所要达到的目标，是转化过程，或者，是人们知道并认同的一个人最深层的那个自我。这也说明了，对我们所处的这一过程的一种真正的信赖。这一点，今晚，我们可能不会完全达成共识。

布贝尔：如果就我在阅读你的这篇文章时所发现的问题，或者就涉及我的有关问题，提出询问，也许会有一定助益。你谈论到"人"（person），而"人"这个概念似乎很接近"个人"（individual）这个概念。我却认为将它们予以区别是明智而必要的。一个个人仅是人的某一独特性的实例。它仅能通过伴随独特性的发展而成长。这就是荣格（Jung）所说的个性化（individuation）。他可能越来越成为一个个人，而不会越来越成为人。我有许多已经成为非常个性独特的，非常不同于其他人的，在他们这样那样的独特性上成长得很好的个人，但绝不是我要称之为人的那种人的实例。个人就是这种独特性，是能够得到如此这般发展的。但一个人，我得说，是一个真正与世界共生的个人。我是说，与世界一道生存（with the world），而不是在世界上生存。就是要在和世界真正的接触中，在人面对世界的所有方位和层面和世界的真正互惠依存中共同生活。我不是单说和人在一起，因为有时候，我们还以人的生活方式以外的其他形态面对世界。但这就是我要称之为人的内涵。如果针对某一特定现象我可以明白无误地说是和否的话，我否定个人，支持人。（鼓掌声）

莫里斯·弗里德曼：罗杰斯博士和布贝尔博士为我们开展了这次极为精彩独到的对话，我们谨致深深的感谢。这无疑是我经历中难得并且最好的一次经验；首先因为这是一场真正的对话，并且是在听众面前进行的。同时，我还认为，部分是由于他们愿意给予我们，也确实给予我们了。同时也因为你们参加了一场三方对话，或者说，加上我，还有你们大家默默参加的四方对话。(鼓掌声)

4　保罗·蒂利希

保罗·约翰内斯·蒂利希（Paul Johannes Tillich）于 1886 年出生于普鲁士。年少时，他在大学预科接受了古典人文主义的训练，为此他不得不设法协调这种训练和他路德教派牧师父亲的传统新教观点之间的矛盾。出于对这些问题的兴趣，他于 1904 年至 1912 年间在柏林大学、蒂宾根大学、布雷斯劳大学和哈勒大学学习神学和哲学。1911 年他获博士学位，1912 年被授予路德教派牧师职位。

1914 年至 1918 年，他在德国军队当一名战地牧师并获铁十字英勇勋章，随后积极参加了创立德意志共和国的运动。但是，希特勒上台之后这一运动宣告失败。作为一名活跃的社会主义者和宗教人士，蒂利希尝试着将基督教和本地的历史以及社会和政治问题结合起来。1919 年起他任教于德国几所大学，并于 1924 年起被聘为神学教授。1933 年，蒂利希的活动和写作开始受到纳粹政权的敌视，于是从法兰克福大学哲学系主任的位置上被解聘。后来他说道："我是第一个被德国大学解聘的非犹太人教授，为此我感到荣幸。"

当时他的朋友赖纳霍德·尼布尔正在德国，于是邀请蒂利希和他一道在协和神学院任教。蒂利希欣然接受了这一邀请，于 1940 年归化成为美国公民。他留在那里一直到 1955 年退休，然后受聘于哈佛大学，直到 1963 年后又任教于芝加哥大学神学院直至辞世。蒂利希一共用英语和德语写作了 30 卷左右神学方面的书籍，其中大量收录了他布道时的演讲。他最有名的作品包括有：《宗教局势》（*The Religious Situation*，1926；英文版，1932）、《历史的阐释》（*The Interpretation of History*，1936）、《新教时代》（*The Protestant Era*，1948）、共三卷的巨作《系统神学》(*Systematic Thedogy*, 1952, 1959, 1963), 以及《生存的勇气》(*The Courage to Be*, 1952)。《生存的勇气》这部作品被一位评论家称为"他最有代表性的不朽杰作"。

不管是从社会还是从个人角度出发，蒂利希都相信宗教权威主义和俗世自治之间的斗争终将被一种植根于宗教深处的纯粹自由所超越。他曾说道："我的听众是那些称自己不理解教会所发布的基督徒信条的人，他们需要将其翻译成现代的语言。"他的神学观是试图将抽象的宗教问题和直接的宗教体验——即哲学和启示——相调和。他还把神学问题与各类学科如哲学、当代艺术、政治理论、商务、文学等联系起来。他早期在德国教书时萌发并保持终生的研究兴趣之一是精神分析、存在主义和宗教三者之间的关系。一位作家曾说："埃里克·费罗曼、罗洛·梅和亚伯拉罕·马斯洛应当感谢他提出的重要的精神分析概念，如'存在焦虑'、'伏魔'等。"

保罗·蒂利希被描述为"个子不高，性格温和、白发苍苍的哲学家"、"当代最重要的神学家"、"20 世纪新教思想颇具影响的人物"、"也许是现代基督教思想的主要缔造者"。有人说："蒂利希对美国神学界的影响就和怀特黑德对美国哲学界的影响一样。"其他人还指出："蒂利希的哲学观点涉及所有的宗教派别，因为他不仅阐释了新教教义，还阐释了人的存在，以及爱、权力、正义之间的关系。"

以下是保罗·蒂利希与卡尔·罗杰斯于 1965 年 3 月 7 日在加州圣迭哥州立学院的广播/电视直播间里的对话。这是蒂利希最后一次公开露面，他于 1965 年 10 月 22 日去世。

卡尔·罗杰斯：关于自我肯定的重要性，我想那是我们观点一致的一个领域。其次，我对你有关"存在"的勇气的思考一直印象深刻，因为在心理治疗领域我也发现这一问题：存在的勇气、认知过程中的风险……我还喜欢你这种说法：非道德行为是一种与个人的自我实现相违背的行为。在我看来，似乎我们两人都试图突破现代世界盛行的某些趋势，如逻辑实证主义、极端科学方法以及机械的高度决定论观点的压力。后者，我认为使人成为仅仅是在生活中寻找某个相对位置的物体。你是否感觉我们在这类问题上的观点多少有些相同呢？

保罗·蒂利希：是的，当然。对以上所有观点我完全同意，而且我很高兴你为我把它们都罗列了出来。

罗杰斯：嗯，也许我们可以深入到某些我还不十分确定的领域。我想了解一些你对人性的看法。当我被问及这一问题时——我想某些存在主义者认为实际上人没有人性，但我想还是有的——我的观点是：人属于某一特别的物种，他有其物种特性。其中之一就是人具有无法根除的社会性这一事实，我想人有一种与他人发生关系的深层需要。还有一点我想就是因为人是有机体，他常常是有方向性的，他正朝向实现自我的方向行动着。因此，就我个人而言，我真的觉得人有可描述的特性。比方说，我一直对你所讨论的人的伏魔性感兴趣。我不知道你是否把它看作是人性的一部分——无论怎样，我都想知道你对人性的看法。

蒂利希：你的问题涉及面很广，需要我用较长的时间作答。我想说的第一点是，人肯定是有人性的。我想证明这一点最好的办法是反证法，即证明人没有人性这一论断无论如何不成立。我想起了法国著名的存在主义者萨特，他否定人有人性并强调人是自我创造出来的，这正是他的自由。但是，如果他说人有创造自我的自由，那当然就意味着人有“自由”这一人性，而其他物种则不具备。这种说法多少有点自相矛盾。即使你赋予人如同中世纪神学赋予上帝的特性，即人是自我存在而不是由其他任何条件决定的，也不能避开人有人性这一论断。以上我回答了你问题当中的第一部分。还有其他两个部分，我想一一作答。

第二点是我要区分两种人性，一种我们直接称为人性，另一种是人的真实本性被扭曲后的混合体。我想把第一种用一个十分模糊的词语称之为“真性”（true nature），但为使它更清楚一点，我常称之为“本性”（essential nature）。从神学的角度来说我把它称为人的天性，你还记得这是早期教会极力捍卫的几个主要观点之

——即人的本性或天性是好的。根据《圣经》，“上帝看一切所造的都甚好。”这一点被奥古斯丁所肯定，并用更哲学的语言重新阐述为“*Esse qua esse bonum est*”，其意为“存在本身就是好”（being as being is good）。我认为人的本性也是如此，然后我们必须把人的本性和人的存在特性区分开来，后者的特点是它背离了人的真实本性。人，当他处于时间、空间中，具有生物、历史意义时，这个人不仅仅是他本性的一个简单的对立面，否则他就不是人了。但他暂时的、历史的人性是他本性的扭曲，在试图达到这一人性的过程中他可能违背了自己的真性。它是相当复杂的混合体，为了理解人真正的困境，我们必须区分以上两种因素。我相信弗洛伊德本人，以及弗洛伊德学说和心理治疗总体上并未清楚地区分这两点。以上是对第二部分问题的回答，现在我可以回答第三部分的问题了吗？

罗杰斯：首先……让我谈谈我的看法。我从作为心理治疗师的工作当中发现，如果我为别人创造一个尽可能自由的氛围，我真的可以信任他行动的方向。人们有时会说：“你创造了自由的氛围又怎么样呢？他会利用这种自由成为彻底邪恶或反社会的人。”我不同意这种说法，我感觉到——我不知道这是先天就有还是后天形成的——在真正自由的关系中个人不仅趋向于更深地了解自我，其行为还趋向于更为社会化。

蒂利希：是的，就这一点我有所疑问。首先，是谁自由得足以为他人创造这种自由的情境？既然我说人的本性和他背离了本性的人性混合体是模糊不清的——生活中模糊的领域——我想说在这种模糊性的条件下，无人能够创造这种自由空间。但是让我们假设它以某种其他方式存在着（待会我谈到伏魔时再来说说这一点），那么我还是要说生活在拥有这一自由的社会群体中的个人仍然是本我和存在自我的一个模糊的混合体。他处于——如英文所美妙表述的那样——“一种困境”，这种困境是广泛存在的、悲剧性的对人的真我的背离。因此，我不相信人有力量以正当的方式使用他的自由——即去发挥他本已具有的潜力或本性，这两种说法都一样。对于创造这种情境和处于这一情境的个人的观点我持更为怀疑的态度。

罗杰斯：我同意创造完全的自由很难。我确信无人能够真正地为另外一个人创造完全的自由……但是令我印象深刻的是，为创造自由、接受、理解的氛围，即使是不完美的努力似乎都能使人们被解放并朝着真正社会化的目标而行动。不知道是不是你对伏魔的思考使你对此产生疑问呢？

蒂利希：让我先回答你刚才所讲的问题，对此我十分同意。的确，在历史的某些时刻实现了这种努力。凭我们从心理疗法中获得的深刻洞察力，我尤其同意在儿童成长早期，爱起着极为重要的作用。那么这里就有一个问题："为儿童创造爱的环境的力量在哪里，继而给他们将来面对生活的自由而不至逃避到神经病和精神病中去呢？"这个问题的答案大家来思考吧。

不过目前你对伏魔感兴趣，其实你不是唯一对它感兴趣的人。我本人也是，每个人从某种程度上都是，因此让我谈谈我是如何得出这个概念的。1926年我还在德国德雷斯敦大学任教授时，我写了一篇小文章、一本小册子——《伏魔》（*The Demonic*）。之所以不用"堕落"或"罪孽"之类的词，是因为我从两个角度看到了比个人的善心更为强大的力量。其一是神经—精神结构。我从第一次世界大战后（大约是1920年起）开始接触精神分析学说，它的发起人当时是弗洛伊德，它改变了当时欧洲的思潮并影响了整个世纪。其二是社会主义运动尤其是卡尔·马克思早期著作对社会矛盾的分析。在这两种情况下，我都发现一个"堕落的人"或"有罪的人"等传统词汇都不足以描述的现象。我所能找到的唯一恰当的词是《新约》当中的"伏魔"（demonic）[①]，这个词出现在有关耶稣的故事当中，和"着魔"（possessed）意义类似，即被一种比个人

① 《新约》中"demonic"，通常被译为"被鬼附"，此篇中译者为表达的流畅与连贯，译为"伏魔"。——译注

的善心更为强大的力量所控制，所以我用了这个词。当然，我要特别强调我并不取其神话上的语义，如恶魔或化作成人的撒旦四处行恶，我是用它形容模糊不清、某种程度上具有创造性、但最终具有毁灭性的结构。这就是我引入这个词的原因，因此，我不只谈人类背离了其本性，也不再用任何旧的术语，我必须找到一个词能完全描述那种控制了人类和社会的超人力量：这种力量把人控制在不同的状态，比如醉酒、酗酒而不能自拔，或建立要么有阶级斗争要么如当今世界一样有意识形态和各种政治信仰斗争的社会，而每走一步试图克服它们，其结果往往是使人们陷得更深。这就是我说"伏魔"的意思。因此我希望澄清一点：我不是取它旧的神话语义，而去掉它的神话色彩。

罗杰斯：当然，当我从权力的观点等看待世界上发生的事物时，我可以明白为什么你从伏魔的角度思考问题。

我想谈谈我如何看待精神错乱和背离本性的问题。在我看来，婴儿没有背离自我，他似乎是一个完整的机体，逐渐具有个性，背离本性的过程是他学习的过程：为了维持别人（通常是父母）的爱，他吸收一些亲身体验的东西，包括父母的评价。例如，一个小男孩拉了姐姐的头发被责怪后嘴里老说着："坏孩子，坏孩子"，当他再一次去拉姐姐的头发时，换句话讲，他已输入了自己在做坏事的观念，但做坏事又使他感到开心。在我看来，正是他的这种体验和相关的观念之间的背道而驰构成了基本的本性背离，不知道你对此有何评价……

蒂利希：是的，婴儿是很重要的一个问题。我用哲学，或更确切讲，心理学的语言来说，它是亚当和夏娃堕落之前神话般的状态：梦幻的纯真。它尚未接触现实，仍在梦中，当然，这也是一个符号，比"亚当与夏娃的堕落"更接近我们心理学的语言，但意义一样，即亚当，或男人——希伯来语中亚当就是男人的意思——都处于从梦幻的纯真向有意识的自我实现转变的过程中，在这一过程中，本性的背离还有成长都同时发生。因此，我用了“模糊”这一概念。我同意你所说的在被父母说成是“坏孩子”的行为当中，必然有一种自我满足，但也有一种非社会行为在里面，因为这一行为伤害了他的姐姐，所以必须加以制止。不管我们称他为“坏孩子”还是以别的方式加以阻止，这都是必要的。我认为这些经历一方面就是从梦幻的纯真走向自我实现的缓慢的进程，另一方面是走向本性背离的过程，这两种转化过程彼此糅合，难以分辨。以上是我有关婴儿的解释。

罗杰斯：我同意其中的很多观点，就我的经验来看，人处于某种人际关系时可以恢复其本性。例如，当我们两人谈到存在的勇气或成为自我的倾向时，我感觉那大概只可能在某种人际关系中才能做到。也许最好的例子便是人只有处于一种亲密的、为人所接受的关系时才可能接受自我当中一些无法接受的东西。我认为这是心理治疗中相当重要的一部分——当病人发现他感到羞耻或无法融入自我意识当中的情感可以被另外一个人接受时，他就能够自我接受了。我不太了解你对人际关系的看法，你能不能说说看？

蒂利希：你刚才说人相互间的原谅——或更确切来讲，相互间接受无法接受的事——是自我肯定十分必要的前提条件，我认为这点完全正确。如果你不能原谅你自己，你就不可能接受你自己。如果有一面镜子让你看到自己的灵魂，你很可能倾向于讨厌自己，甚至厌恶自己。所以我相信如果没有教堂里的、朋友之间、夫妻之间的各种形式的忏悔，以及精神分析学家打开人内心深处的分析和忏悔，我们就不可能体会到某些完全属于另外一个空间的东西。这个空间是终极空间，这里我先把它提出来。但是和你一样，我认为只有恰当的接受才是在达到终极空间前人们的必经之路。此外，我很少再用“原谅”这个词是因为它在原谅者身上造成一种糟糕的优越感而在被原谅者身上造成耻辱感。因此，我更喜欢“接受”这一概念。既然你也同意用这一概念，我得承认我是从精神分析法中学来的这个词。我把一个属于意识形态的、现今没人再用的概念转换成精神分析学家对他的病人采取的接受的方式：不是对病人妄作判断，不是告诉他首先他应当表现好，否则不会被接受，而是正因为他不好而接受他，正因为他内心想变好而接受他。

罗杰斯： 当然了，在我的经验中，接受他人的力量不时呈现出来，此时病人感到他所能表达的一切都被完全接受并作为人受到尊重，这对他的生活和行为都有十分大的影响。

蒂利希： 是呵，现在我相信这就是基督教教义中真正的所谓“好消息”了。

[中间休息]

蒂利希： 牧师代表着生命的终极意义，尽管他没有受过训练，却可能无意识地拥有很多技巧。即便没有技巧，他也不会把自己当做一个二流的心理医生。在我看来这是非常重要的规则，否则每次合作会很快以灾难性结局收场，最后完全告终。

罗杰斯： 嗯，这使我想起了一个更深层的问题。我很清楚我和其他许多心理医生都对涉及神职人员和神学家的问题感兴趣。不过我个人更喜欢从人文主义角度思考这些问题，或是通过科学调查的途径解决这些问题。“上帝死了”这句话多少代表了现代的观点，我对此颇有同感；换句话讲：宗教的声音现代人确实已听不到了。我很想知道为什么你更倾向于——当然这点和当今许多心理学家不谋而合——更倾向于用宗教术语和神学语言思考问题。

蒂利希： 呵，我想这个问题很大……

罗杰斯： 是的，是很……

蒂利希： ……回答这个问题将占去我们全部时间，所以我只想简单地讲几点。首先，我认为最基本的一点是，打个比方，人不仅仅生活在水平的一度空间里，即人与他人的关系是有限的个体与其他有限的个体之间的关系，观察和影响他人，而且人的身上还有一种被我比喻为属于垂直空间的东西。这种垂直空间不是通往有上帝和其他人的天堂，而是通向某种非短暂非有限的东西；它是无限的、无条件的、终极的——我常常这么说。人内心的体验不仅仅是作为一个有限的个体在人世走了一遭。他会体验到某种超越时间和空间的东西。我不是在这里谈来生或其他诸如此类的信条——我必须不断在发言中强调这一点——我所说的是人对现世的直接体验，它还包括现世中的永恒或现实生活中某些被永恒占据的时刻，以及与他人一起的生活，还有群体生活。我之所以不断努力去阐释那些伟大的传统的宗教教义并将它们与我们联系起来，是因为我知道，正如你刚才所讲，它们离我们已十分遥远，我们不能再以如今布道、宗教说教和礼拜仪式中仍盛行的方式使用它们。对那些可以生活在它们中间、并未因尖锐的批评而与之疏远的人们来说可以这样做，但对大多数你称其为人文主义者的人们来说，我们需要把这些宗教的教义加以转化和阐释，但如你指出的那样，不是找东西替代它。我相信科学语言无法充分地表达垂直空间这个概念，因为它仅限于描述有限事物之间的关系，即使在心理学和其他所有自然科学中存在的都是这类关系，这就是为什么我认为我们需要另一种语言的原因。这种语言是信经和神话的语言，是宗教的语言。但是我们这些可怜的神学家和你们这些快乐的心理学家不同，处境很糟糕：我们知道我们研究的信经必须重新加以阐释，甚至是从根本上重新加以阐释。但我已担负起这一重任，很早以前我就决定将始终不渝地投入到这项工作中。

罗杰斯：嗯，刚才你正谈的时候，我意识到自己还有一种垂直空间的幻觉，不是自下而上，而是自上而下的。我的意思是：有时我感觉到自己对病人真的有所帮助，在这些珍贵的时刻，我们之间有一种类似于造物主和子民之间的关系，这时我感到自己好像和冥冥宇宙的力量合二为一，或者说那种力量正通过我起作用来帮助他人——嗯，我想我的感觉大概就像科学家发现能够分裂原子时的感觉一样。虽然他不能亲手创造这一现象，但他和宇宙的伟大力量相协调，因而能够引发重大的事件，通常我的治疗对病人起到很大帮助时，也有类似的感觉。

蒂利希： 我很欣赏你刚才讲的话，尤其是开头说的一句话，很有趣：你说到垂直的空间有朝上和朝下两种方向。我想你会对我下面要说的感兴趣：神学界的同仁们常常指责我谈向下谈得太多，向上则谈得太少，这是真的；如果要给我最终关注的东西起个名字，我会把它叫做“存在的基础”，基础当然是向下而不是向上的。所以我与你一样，有向下的感觉。那么问题是，我们下到哪里去呢？这里我再一次认同你用到的“宇宙”一词，以及“宇宙的力量”，但当我说到“存在的基础”时，我不能把这种宇宙的深度理解为宇宙间所有单一事物的叠加，而是同许多哲学家和神学家一样，我认为它是创造整个宇宙的基础，在此之上产生了事物的各种形态和元素，我称之为“创造的基础”。这是你第二个令我感到高兴的观点。这种创造的基础可以在所有根植其中的事件上体会到。例如，在我与他人的交往中——我不是指作为精神分析家与人的交往，而是指各种方式的普通人的交往，和你所经历的类似——有一种超越了“您—我”这一有限事实的东西存在。在非宗教的谈话中，在某些特别时刻，我称之为神的存在。我能够体会到而且已经体会过它的存在，这一点上我同意你的意见。

最后说说你的第三个关于科学家的观点。我常跟我的科学家朋友讲，他们严格地遵循着中世纪伟大的神学家托马斯·阿奎那总结的经典原则：如果你有所知，你必然对上帝有所知。我赞同这一点。因此这些人也有我所说的向下也可能向上的垂直空间的体验，虽然他们分裂原子的工作是发现和掌握个体之间的有限关系。

罗杰斯： 我想再换一个话题，我一直对它感兴趣，我猜你也可能感兴趣，即构成最理想的人的要素是什么？换句话说，心理治疗或宗教领域中，我们的工作目标是什么？就我而言，我有一个相当简单但有很多启示的定义。我觉得作为一名心理医生，如果我发现病人和我本人都朝着更加开放内心体验的方向努力，我会很高兴。如果这个人变得更能够倾听内心的声音，对自己就所处的情况作出的反应更加敏感，如果他能更确切地感知周围的世界——那么，我想我会感到高兴。这就是我所希望的努力方向，因为那样一来他将进步——首先，他将一直进步。这不是作为个人的静态目标，相反他将不断地更完全地成为他自己。他还将变得真正意义上的现实，即现实地对待内心世界和外面的这个世界。我想他还将逐渐变得更加合群，原因很简单：他有对更亲密的人际关系的需求和渴望，这是无法阻止而只能实现的。所以在我看来，这种开放内心体验的概念很好地描述了我希望在最理想的人身上看到的东西，不管他是经过心理治疗后的人，还是培养出来的好公民或其他什么。我不知道你对此作何评论或有何见解。

蒂利希：是的，这里面有两个问题，一个是方式，即开放内心，另一个是目标，当然它不是静态目标，也不是动态目标，但它是一个目标，这两点我都谈谈。“开放”一词对我来说十分熟悉，因为一个神学家会被问到很多问题，而这些问题只有通过“开放”的概念才能解答。举两个例子，一个是经典信经和普通信经的作用。过去我总是回答：“信经的作用是开放，他们开放了现实，开放了我们内心的某些东西。”如果当今大学里不禁止使用“灵魂”一词，我会称之为我们“灵魂”中的某些东西，但你作为心理学家，作为与灵魂打交道的人，“灵魂”一词在学术界是禁用的。但那的确是信经的作用，不仅对个人起作用，还对群体起作用，而且常常只有通过群体才对个人起作用——所以，在这一点上我用了“开放”这个词，我认为它是信经的主要功能之一，也许是唯一的主要功能——开放内心。另一个例子是当有人问我：“我怎样才能感受到上帝或神灵?”等诸如此类的问题。我的答案是：“你唯一能够做的是开放你自己。你不能够强迫上帝，也不能在自身创造神灵，但你可以开放你自己，为神开放你自己。”这当然，用你的话说，是一次特殊的体验，但我们必须为所有的体验开放。所以我十分赞同你所描述的方式，我甚至相信，在所有的体验当中，有可能会有一次终极体验。

再来说说目标：目标是我们多次谈到的一点。我们也许都赞同有关实现真我的观点，即把我们天生的本性带入现实，或者用宗教信经的话来说，“让我们的一切潜力都成为上帝所安排的那样。”具体是什么样是接下来的问题，也是十分重要的问题，你也指出了其中的一点，即变得合群。我想这是一个更大的概念中的一部分。我把这个概念叫做爱，意同希腊文“*agape*”，它是《新约》中出现的一个特别的词，意思是“哥林多前书”第13节中基督使徒保罗所描述的爱，它意味着接受他人并努力克服存在于人和人之间的隔膜而与之融合。这一目标，我是赞同的。但既然我谈到垂直空间，我当然要加上一点，即坚信生命的终极意义，坚信生命走向终极目标绝对无条件的严肃性，就是坚持这种垂直空间。所以当我用通俗的语言来说时——这总是很危险——我会说信仰和爱是两个必要的概念，但这里信仰不是指一般信念，而是指和终极相关的信仰，爱不是指任何情感，而是指肯定他人，甚至是自我，因为如同奥古斯丁、埃里克和弗洛姆等人一样，我相信自我肯定和自我接受是有理由存在的。我不想用“自爱”一词——那太难了——但用自我肯定和自我接受，这是能够做到的最难的事之一。

罗杰斯： 嗯，我最喜欢的是你把事情说得更为具体，即你用信仰和爱来说明问题。那是一些十分抽象的概念，可能会有各种不同的意义，但具体来说——是的，我的确觉得一个人必须真正欣赏或喜欢他自己，如果他的自我肯定是健康有益的话。开放内心这一理念还有另外一个必然的结果，也许我们也可以探讨一下。在我看来，一个合理地开放内心的人处于一个不断评价的过程。也就是说，我认为——我认识到我多少放弃了你所能列举的常规意义上的某些价值观念——但我确实感到一个开放内心的人不断地在评价每个时刻、评价每个时刻他的行为是否关系到他的自我充实、自我实现，正是这种评价过程使我明白成熟的人的意义。它还使我明白在这样一个整体都在迅速变化的世界中，普通的价值观念可能不如它们在逝去的时代那样时宜、具有意义。

蒂利希：是的，现在我是一个价值观念的公开批评者，所以我当然同意你的意见。我用我的“*agape*”或爱的概念代替它。这种爱是倾听的爱，它不同于抽象的评价，而是和具体的场合有关，正是基于对这一具体时刻的倾听，才作出行为的决定，得到内心的满足甚至欢愉，抑或是不满足或负罪感。

罗杰斯：我喜欢“倾听之爱”的说法，因为我想它会是对内心的倾听，对自我的倾听，以及出于爱对他人的倾听。

蒂利希：是的，我所说的倾听是指某个具体场合，是由我周围的一切和我自己构成的，所以倾听之爱总是倾听双方的声音。

罗杰斯：我感觉我们两人在对这种评价法的思考上分歧不是很大，比我以前认为的要小。但是，有另外一个例子：我感到婴儿是这种不断进行的评价过程的一个很好的例子，他不受成人设立的那些思想和标准的困扰，而不断地评价自己的经历是有利于自己的成长或不利于自我实现。

蒂利希：那么这种评价当然不只是智力上作出的评价，而是他整个人作出的评价。

罗杰斯：我认为它是一种有机的评价过程。

蒂利希：那意味着他整体作出的反应，我当然相信这一描述是充分的。

5　斯金纳[①]

巴拉斯·弗雷德利克·斯金纳（Burrhus Frederic Skinner），于1904年3月20日，生于美国宾夕法尼亚州东北部的撒施贵汉纳（Susgue hanna）。他的父亲威廉·斯金纳是一位律师；母亲名叫格雷斯·巴拉斯·斯金纳（Grace Burrhus Skinner）。斯金纳成长在一个温暖稳定的家庭环境中，从小勤学好问，对各种机械玩具十分着迷，“总是喜爱制作构筑一些东西。”

他也养成了爱好读书和写作的习惯，并进入纽约州克林顿市汉密尔顿学院（Hamilton College）主修文学。在大学三四年级期间，他参加过佛蒙特州（Vermont）米德尔伯里市（Middlebury）的布勒德罗夫写作讲习班（Breadloaf writers' workshop）的研讨活动，其间他得到过罗伯特·佛罗斯特[②]（Robert Frost）的鼓励。在获得霍里·格利克奖（Hawley Greek Prize）和取得 ϕBK[③] 联谊会会员资格后，他花了随后的整整一年写小说和“发现了我无言以对的不幸事实”。虽然后来他放弃了写作小说，但对人类行为的研究兴趣却丝毫未减。

1928年，受罗素（Bertrand Russel）和华生（John B. Watson）著作的激励，他决定去哈佛大学读心理学研究生。1931年获得博士学位。

---

① 此篇根据内容需要，有所删减。

② 罗伯特·佛罗斯特（Robert Frost，1874—1963），美国诗人，擅长传统诗歌，作品主要描写新英格兰的民俗风情；曾4次获普利策奖，有名的作品有《白桦树》和诗集《山间》。

③ ϕBK 是 phi Beta Kappa（美国大学优秀生和毕业生的荣誉组织）的缩写，该组织成立于1776年。此三字母是希腊格言三词：ph（ilosophia）B（iou）K（ubernites）首字母的读音，意为英语的：philosophy the guide of life。请见上海译文出版社出版的《英汉大词典》该词条。

接下来，他在哈佛大学从事了 5 年实验心理学工作。1936 年，他和伊冯·布鲁（Yvonne Blue）结为夫妻，生养两个女儿。

1936 年至 1945 年，斯金纳执教于明尼苏达大学（University of Minnesota）。随后，他在位于布隆明屯的（Bloomington）的印第安纳大学（University of Indiana）任心理教授和系主任达三年左右。1947 年受威廉·詹姆斯（William James）之邀回到哈佛任讲师，随后于 1948 年被任命为教授。在哈佛他持续工作至 1974 年退休，并享有荣誉退休教授头衔。

作为一位严谨的科学家，斯金纳在其实验工作中，集中对有机体对环境作出反应的自发性行为进行了研究。他把这类行为称作“操作性行为”（operant behavior）；当这类行为被强化——不论是正强化，即激发更多的这类行为，还是负强化，即消弭这类行为——时，他就把它称为“操作条件作用”（operant conditioning）。在第二次世界大战期间，斯金纳用鸽子做实验，他认为操作条件作用能用来训练鸽子去完成这样的一类任务，如导引导弹、炸弹或鱼雷去拦截或摧毁敌机。虽然这个计划证明是可行的，但却从未实施过。

1945 年，正是在这战后时期，斯金纳在《妇女之家杂志》（*Ladies' Home Journal*）上发表了一篇，描述他为他的小女儿设计并建造的“空中马槽”① 的文章，而开始引起了全国的关注。这一马槽大小的带有滑动安全玻璃窗的小箱子，装有空调并具有隔音功能，是为婴儿提供最佳环境而设计的。虽然这一创举激起了人们的很大兴趣，但几位著名的儿科学家和儿童心理学专家却表达了保留意见；从而未被推广大量生产制造。斯金纳辩解说，“整个构思只是要为孩子提供一种非常舒适的、激励振奋的环境。”

斯金纳认为可以有一门独立于神经学（neurology）、生理学（physiology）或心理学（psychology）的，并拥有其诸如“意识”、“思维”、“目标”或“情感”等概念的行为科学（Science of Behavior），因

① 此处系借用圣诞马槽一词（crib），即耶稣诞生时所躺过的牛马饲料槽。——译注

此，他把工作都集中到了对可观察行为的强化上。经过数十年的研究，教学和著书立说，他成为了行为心理学学派的领袖人物。行为心理学和操作条件作用的这些原理不仅在全美国的大专院校得以讲授，而且在世界大部分地区得以传播。这些原理对许多其他领域也已经产生了巨大影响。如程序教学、行为疗法、家谱理论（family systems theory）、生物反馈（biofeedback）、语言学和教育等方面受其重大影响，甚至还涉及由于行为主义思想学派影响所致而创建的一些领域。

斯金纳的著作颇丰，其主要的有：《科学与人类行为》（*Science and Behavior*，1953），《言语行为》（*Verbal Behavior*，1957），《强化计划安排》（*Schedules of Reinforcement*，1957），《行为分析：自我教学方案》（*The Analysis of Behavior：A Program for Self-Instruction*，1961），《教学技术》（*Technology of Teaching*，1968），《超越自由和尊严》（*Beyond Freedom and Dignity*，1971），《关于行为主义》（*About Behaviorism*，1974），以及他的自传的第一部分，《我的生活实录》（*Particulars of My Life*，1974）。他的颇具争议的著作《沃尔登Ⅱ》（*Walden Two*，1948），销售达一百多万册；在该书中，斯金纳将行为主义的原则推展延伸到社会的组织结构，试图解决在控制人类行为中固有的主要问题，而其重点则在于解决当前的社会问题。

斯金纳曾赢得多种荣誉：他曾被授予 1968 年的国家科学奖章和 1971 年美国心理学协会的金质奖章。他曾是英国皇家人文协会的会员；他也曾是美国国家科学院、美国哲学协会、美国人文科学和自然科学院，美国心理学协会以及海外多家专业学术机构的成员。

随着心理学界的行为主义运动和人本主义运动的同步并行发展，这两个学派的领导人不可避免地最终要开展相互了解对方理论观点的工作。既然斯金纳和罗杰斯都力图把他们从各自实验室所获的研究结果推广普及到各种各样的更为广阔的领域中去，那就更不可避免了。如果他们持续保持将精力集中在各自分别从事的工作所碰到的特定科学问题上，他们就绝不可能有公开的碰撞了。然而，由于他们都满怀信心地开始了就儿童的抚养、教育以及社会等问题著文立说，两人观点之间的差异就越来越明显了。所以，当他们为分歧的争议而最后直接面谈的时候，“斯金纳—罗杰斯之争”便很快成了行为主义心理学和人本主义心理学之间分歧的一场最广泛的通俗化讨论。

正如序言中提到的，罗杰斯和斯金纳的第一次相遇，即 1956 年他们“有关人类行为控制的某些争议”的专题讨论会，已多次在报刊和文集中刊印和转载过了。虽然这是一次重要事件，但这次相对简短的意见交换很难称之为对话。在讨论会前彼此交换阅读论文之后，斯金纳以宣读自己的论文开始了那次研讨会；罗杰斯也宣读了自己的论文，包括他对斯金纳某些言论的回应。最后，斯金纳给予了事先准备好的简短反驳。他们两人的第二次相遇是在 1960 年 12 月美国人文科学暨自然科学院所组织的杰出心理学家小型会议上。他们又再一次只宣读了事先准备好的论文，而会议的正式记录也从未发表过。

鉴于 1956 年罗杰斯和斯金纳的意见交换仅是一个开始，位于德卢斯（Duluth）的明尼苏达大学（University of Minnesota）的杰拉尔德·格莱斯坦（Gerald Gladstein）及其同事们于 1962 年成功地使这两人相聚一堂，从 6 月 11 日至 6 月 12 日，在 500 多位听众面前进行了长达两天的对话。罗杰斯和斯金纳第一次能够就有关“教育和人类行为控制”的争议展开真正的相互交流。虽然他们有时仍旧要依赖事先准备的稿纸发言，或以他们惯常的方式表达他们的思想，但另一些时间他们确实在脱稿相互交流和彼此聆听。正如一位主持过罗杰斯等人的另一次对话的主持人所说，他们表明了他们以前从未表述过的意见和观点。那是一个历史性的时刻。

令人吃惊的是，这次“讨论教育和人类行为控制对话”的文字记录从来没有发表过。然而，格莱斯坦和杰弗雷·诺顿出版公司确实制作过 6 盒对话录音专辑（请参看序言的参考文献）。但是，由于录音型式的资料流通性非常有限，因此，1962 年的会议实际上不为人所知。我们高兴地在这里第一次以出版发行的形式介绍这一重要会议。

罗杰斯：很高兴再次见到斯金纳先生，并有机会进一步探讨我们的分歧及共同感兴趣的东西。同时我也注意到了在场的观众，出乎我的意料，有这么多人，很想了解“你们是谁”，但是我相信，随着讨论的进行，在大家发言的过程中，我们相互会有所了解。首先，我想概括一下我要讲的主要观点。

在当今的文化中，出现了一股新的潮流，像一阵清风吹遍世界，在各个不同的领域，我们都可以听到它的声音。人们对存在主义、存在主义者的观点越来越感兴趣。有些是很显见的，如对心理学中“自我”及用现象学方法解决心理学问题的兴趣都日渐高涨，而有些似乎还不被广泛接受，如对“禅学”的兴趣。这被称之为美国心理学的“第三势力”马斯洛学派发展：对“自我”理论的发展；对人的存在的关心，以及对其与其他两派不同之处的讨论，即操作行为主义和弗洛伊德的观点。据我的竭力理解，这一充满活力的新文化趋势是人类为其自身高声慷慨陈词的主观之声。人类感到他长期以来只是生活的傀儡，受到世界的各种势力的影响，受到种种经济力量的影响。他已沦为某些个人的奴隶，组织机构的奴隶，以及在近代来说，成为了现代科学的某些方面的奴隶。然而，他正坚定地阐明他的新的独立宣言。他正抛弃种种“不自由”的托词。他选择他自己，竭力成为他自己：不做傀儡，不做奴隶，不做任何模型的拷贝，而做他自己独一无二的个性自我。他以毫不含糊的措辞说：“是我。我在。我选择生命中的自我。我选择死亡的意义。”

对这种新的文化趋势，我有很深的同感，因为它与我在心理治疗中的工作经验很吻合。曾有一位治疗师说过，治疗的本质就是使患者从感觉不自由、受人控制转化为具有自由感，能选择新的自己。在我看来，这是一个“自我参与，学会自由的过程”。这种学习是个动态的变化过程。当事人逐渐抛弃内心的各种恐惧和对自己经验的不信任，逐渐抛弃要跟随他人的念头，慢慢地开始接受、欣赏自己的体验和感情，开始信任自己、发觉自己的不可替代性，并依靠自身的体验来指导生活。这种学习、这种变化使得他们生活得更加独立、更富创造性、更积极主动。当事人通常能清楚地意识到自身的这种变化，甚至当他们仅仅是理解了“成为自由的自我”这一理念时。

然而，有一种假设认为，因果的运行顺序，在心理学领域和在物理学领域是完全相同的。当我作为一名行为科学工作者对这一假说进行研究时，对自由我能作如何解说呢？在现代世界里，可能给自由下个什么样的定义呢？

让我试向你说明我所理解的自由吧：

首先，我的当事人所体验到的自由，实质上就是一种内心的感受，存在于这个生活着的人之内的一种东西，完全与我们常常认为是构成自由的，对可选项进行选择的任何外在选择无关。我现在谈的是维克多·弗兰克尔（Viktor Frankl）根据其在集中营内的经历所生动描述的那种自由，其时，囚犯的一切所有——个人物品、身份、对可选项的选择权等——全被剥夺。数日甚至数年在这样的一种环境中的生存仅仅证明了一点："人的一切都能被剥夺，但就一样东西除外，那就是人的最后一点自由，个人在任何一种给定环境中选择自己的态度，选择自己的道路、方向和行为方式。"我所观察到的正是这种内心的、主观的、与人类的存在有关的自由。"我能使我自己在这里生存，而且是按照我自己的选择生存。"这就是在我的当事人身上的那种现实化。这就是使人能按他自己的选择轻松踏进那未知环境的不确定性中去的勇敢品德。这就是从内部深层对真正意义的发现；这种重要意义的发现来自于对一个人正在经历着的事物的复杂性精心敏锐和开放接纳地聆听和体味。这就是一个人，对其决心要成为的那个自我，应负起责任来的一种重任。这就是承认，人是一个展露（自我的）过程，而不是一件静止的制成品。这个正如此深沉勇敢地思考着自己心思的个人，正实现着他自己的独特性的个人，正认真负责地选择他自我的个人，可能幸运地拥有成百的可供选择的选项，也可能不幸，连一个可供选择的选项也没有。然而，他的自由依然存在，丝毫不减。因此，我们首先谈到某种存在于个人内部的值得注意的东西，即现象学的而非客观的东西。然而，尽管如此，它仍应受到高度的珍视。

界定这种自由体验的第二点是，自由并非作为对心理学体系，即作为因果顺序的心理学体系的描述的否定而存在，而是作为这样的一种体系的补充而存在的。自由，正确地理解是生活次序井然有序的个人的一种实现。正如马丁·布贝尔所说，“自由的人相信命运，同时也相信命运需要他。”他自动地、自由地、认真负责任地走出来，在一个其既定活动要通过他，通过他的自发选择和意志运行发展的世界里发挥重大作用。

这就是这位当事人，当他在治疗中，朝向他身外和身内世界的现实趋向于接纳；并同时也朝向成为这个真实世界里一个负责任的推动因素转变时的那种经历。如我曾指出的，这种意义重大的人的自由与现代科学的完全决定论同时并存是一种矛盾现象。在我们人的经验中，人的自由的存在和科学事实的存在具有相同的真实性，漠视自由是愚蠢的。我们世纪（20世纪）伟大的贡献之一是我们开始逐渐认识到人的情绪、态度、行动、他的适应能力和适应不良等，能够按照理解物理世界事件的同一法定条件来理解人。从这一客观视角来看，我们似可越来越多地根据和自然科学中发现的定律相类似的法则来理解人的行为。正是这一点导致了能够对人的行为加以控制的可能性。正是这一点导致了这次讨论中的争议。

看来毫无疑义的是，行为科学将朝着使人成为其自身目标物（object）的方向持续稳步发展，这一序列活动进程的复杂性决不逊于各种化学物质相互作用生成新物质或释出能量所遵循的一系列化学连锁反应方程的复杂程度。但是，不论人如何完美地把自己理解为独特的事物，解释为过去元素和力的产物，以及未来活动和行为的决定原因，他都绝不可能作为一件物体来生活。他只能主观地生活。我所知道的最令人乏味的人就是那些仍继续试图客观了解并预言自己行为的人。每一行为，对于他们来说，只有作为前因的预定后果，才是具有意义的，而他们的全部生活都变成了好似局促不安地注视着自己的脚的百足动物的一副不幸的漫画。在我的经验中，心理分析治疗的某些失败就暴露出了这种太过分纯理性化的客观性。

然而，一个充分发挥其潜能的人就能接受其主观处境并能主观地生活。当他生气的时候，他就确是在生气，并不只是一种肾上腺素效应的表征。当他爱的时候，他就是在真情实爱，而不仅是对爱的对象的一种欲力的集中投入。他朝向自我选定的方向发展。他认真负责地进行选择。他是一个有思想、有情感和体验的人。他不仅是这些活动发生在其内的一个物体。我们不能否认在我们自身内这一主观要素，否则，我就非得冒严重的危险不可。这主观要素先于我们的科学活动。它较之科学知识具有更丰富的内涵。它是人之所为人的，之所以为个人的，必不可少的组成部分。行为科学的，不论是当前的还是未来的，发展都永远否定不了这一基本事实。

但是，我也很清楚，心理学中的实验主义的——实证主义的——行为主义的思潮以及作为这一趋势的有力倡导者的斯金纳博士对此持有非常不同的观点。例如，我使用过的一些词语和概念在行为主义的参照系中几乎全都不具有意义：自由，是个不具任何意义的词；选择，在我使用它的意义上，也毫无意义；主观性，我认为，是被视为是重要性甚微的；目的、自主、价值或选择等——其中无一具有意义；责任，作为一种概念，没有任何意义。

总而言之，心理学中的行为主义观点已达到如此程度：它正将我们引向——漠视个人；将人主要作为可操控的对象对待；通过排除个人的参与性选择，影响个人的行为形成，以实行对个人的控制；贬低主观事物的意义——达到了我对此极为深切质疑的程度。我的经验让我说，这种观点与现代生活中的一股最强烈的潜在情绪背道而驰，并将把我们带上一条具有毁灭性后果的道路。

斯金纳：我总是犯相同的错误。在与罗杰斯先生对话时，我总是在假设：他没有试图左右观众。这样，我才可以发言，因为只有这样观众才可以充分自由地接受我的观点。刚才，我想起了一个罗杰斯先生的故事，是我从别人那里听说的，现在讲一下，希望他能给一个正面的答复。不过我认为，这个故事是虚构的：罗杰斯先生有一天去猎捕鸭子，尽管他以前很少这样，这一次是受朋友之邀。他们躲在河边，度过了一个寒冷的黎明，终于有一只鸭子出现了，罗杰斯的朋友把这唯一的机会让给了他，他举枪便射，但河对岸也有一个人同时举起了枪，砰！鸭子应声倒地。罗杰斯和对面的那个人不约而同地冲上前去捡鸭子，两个人同时到达，罗先生对那人说："你觉得这是你的鸭子。"而故事的结局是什么呢？罗杰斯提着鸭子回家了。所以这里我要尽我所能避免出现类似的结局。（斯金纳笑了。）

我和罗杰斯先生在很多问题上是有共识的，我觉得我对罗先生是有一定影响的，他在不时地做出让步。他也同意，人类行为是受控制的，而且随着行为科学的发展，控制会越来越成功。

当然，行为的控制力是个古老问题。历史学家为能够证明某种生物事件对英雄的影响而兴奋不已。生物学家对此也同样感到兴奋。在这个意义上说，社会科学为自然科学提供了更丰富的材料。我不认为，人类所有的行为都是受控制的，但是我认为这个设想在科学研究的意义上以及解决人类很多事务上，是可行的。

罗杰斯先生将控制的含义缩小了。他所引用的例子是在一定的社会条件下，个体被如何诱导做出与本心不符的判断。他将这些例子作为控制行为的最新成果。还有一些实验中，人们会莫名其妙地改变观点，根本没有意识到是什么原因所导致的。罗杰斯先生将这些引用作为"控制行为"的反例。

但在我来看，"控制"还远不止这些。这些例子中，受控者只是没有意识到他正在被控制，因而是控制的特例。当我谈到"人类行为的控制"时，我是指任何决定一个人行为的力量，不一定是被充分意识到的，也不一定是100%成功的。我所谈的控制，在各种各样的薪水激励机制中是显见的，看看除美国以外的其他国家，其他文化中，经济激励是如何在发挥作用的，我们就会明白什么是"控制"；再看看政府是如何运用司法和军事力量来维持社会应有的秩序，我们也会进一步明白“控制”的含义；还有教育领域中，各种用来使学生掌握知识，发展个性的技术等，都在向我们昭示着“控制”是什么。

所有这些事例中的一个意外，并不意味着控制就无效了，意外是可以预见的，因为并不是仅有唯一的控制变量，因而控制也不是100%的。我希望我们所讨论的控制是广义基础上的，而不单单指那些潜在的控制。我还希望我们所谈的控制，并不都是那些100%有效的。这是我想在讨论的开头首先要说明的。

我的第二个观点与“人类行为的受控性”这一观念的内涵有关。这方面我有一个劲敌，约瑟夫（Joseph Wood Krutch）先生，他曾专门写了一本书抨击我。书中，我被视作一个极端，一个否定了人能控制自己命运，或者说，人有选择和决定主动权的极端。

现在，我们假设人是由他的生物基因和后天生活环境所控制的。但这并不意味着，他不能控制自己的命运。遗传学家在大力鼓吹，通过对基因的干预来改善人类素质。环境方面呢？环境的控制、影响力也是显见的，而且已经持续了几千年，我们会越来越生活在一个人造的世界上，一个人类通过影响自己的行为而创造出的世界上，我们生活得越来越舒服，这就是物理技术带来的好处。

但是我想说，与之相伴而生的社会文化技术却更重要。人类创造了一个他自己被控制的世界，在这个世界上他被雇佣着，他可以通过借或偷来获得财富，在这个意义，他有控制自己的主动权。如果说人类行为是100%由先天素质和后天环境所决定的，而人已经创造或改变了他的先天素质和后天环境，在这个意义上说，人能够控制他自己。我不是在玩弄文字游戏，这可以通过分析对环境的操纵而得出。人们在操纵周围环境时，自己的行为会发生改变，这样才能减少麻烦，并尽量取得成就，这就是自我控制，人们的确在控制、操纵着自己。

我的第三个观点跟所谓的价值观选择有关。我们为什么要这样控制他，而不是那样呢？怎样提前决定去如何控制呢？这个问题与人类文明进程中，行为演化的一些特征有关。

人类的行为最初是受直接后果所支配的，人们去捕鱼、狩猎，是因为能够直接获得食物，这些食物就是捕鱼、狩猎行为的直接强化物；后来发展了很多贮存食物的方法，像烘干、冷藏等，这就使早春做的食物可以放到夏天再吃，慢慢地，人们具备了控制间接后果的能力。再举一个例子，为了迫使人们为他工作，就拿起鞭子抽人，这就是政府职能的一种原始形式，也是直接强化的一个典型例子。但是后来，政府逐渐意识到间接强化、长期后果的重要性，这时政府能够充分利用被统治的人。这些间接强化物及远期效应就是我们理解价值观选择问题的关键。

罗杰斯先生提出研究人们行为的三种理论：弗洛伊德主义；行为主义，以及那种重视个体自我、将自我看做智慧、力量来源的“第三势力”。我曾读到一本书，书中提到心理分析和宗教，作者认为，新教改革、犹太民族的神学运动及弗洛伊德的心理分析无一例外都将人们对外部控制的反抗扩大化了，继而转向自身去寻找出路。新教改革的主旨就是：上帝就在我心中。弗洛伊德也坚持这一点，因此他希望在个体身上去发现一系列生命的源泉，而这不是由外部强加的。

我不赞成这本书的观点。我觉得转变不是由外部控制转向内部控制，而是由强加的、威胁性控制转向其他的控制技术，这些技术最终都是与正强化有关的。因此这种转化是从强迫转向个体的自由。整个的民主理论，就是将警察对人们的控制转交给了他们自己。因而在我看来，现在所谈的内部控制也无非是另一种外部控制的产物，那就是让个体去决定他想怎么做，而不是靠外部的威胁去迫使他怎样去做。

我认为，人类文明的发展使得对人的直接控制，转化为更加隐蔽、间接的方式，但却是更为有效的控制。我相信，这种控制更有可能创建一个强大的团队，因为它所激发的是每一个人潜在的力量，这一点上我赞成罗杰斯先生的观点。

以上是我所要谈的三点。我认为，行为是受控制的，但是我想在更为广泛的意义上来解释它；我同意这样的设想：认为人类是能自由决定他的命运的，但前提是人是由这个世界所控制的。而且是外部的文明进程使人能很好地发挥个人潜能，而不是让个人去决定自己的行为。

罗杰斯： 首先，我要澄清鸭子的故事。我没有说"你觉得你射中了鸭子"，相反，我们用一枚硬币来做决定，结果我赢了，我拿走了鸭子。

听完斯金纳先生的一席话，我发现我们竟然在很多方面是一致的。真纳闷今天怎么会有500人来看我们到底有什么不同。然而说实话，我们还是有很多不同的。我不知道我能否说清楚这些不同。我有一种感觉，科学观是斯金纳先生的整个世界，他没有把科学观看做认识世界的一种有效的方式，而是将其看做世界本身。

一年多来，我一直想问斯金纳先生一个问题，它起源于我们参加的一次波士顿会议，会上斯金纳先生提交了一篇关于文化控制性的论文，我当时提了一个问题："根据您刚才所讲的，您认为虽然您可以选择是否来参加会议，是否做报告，但这些念头是虚幻的，而您之所以做出这种种行为，是由于先天遗传因素以及后天环境对行为的控制性，而您本身没有参与这些行为，换句话说，您作为一个人是不存在的。"

斯金纳： 这确实看起来很奇怪，如果否定了个体的自由和责任感，作为个体的人就不存在了。但这绝非唯一的结论，别忘了人是由先天遗传和后天生活环境来决定现在和将来要做什么的。我最近给很多学生上"人类行为"这门课时，提出这个观点，他们很感兴趣。在哈佛，我的课使学生中发生了两件趣事：其一是许多人去神学院学习了，其二是很多人去了康复中心。

我坚持认为，每个人都是由特殊的先天遗传因素及后天生活环境共同作用的一个独特个体，具有独一无二性。这是毫无疑问的。

罗杰斯： 但是我就不明白它有什么意义呢？比如说，一个自由驾车人，我们告诉他，他是由许多独特的因素预先决定的，这些因素决定了他要往南走，他要做出一些不合规则的行为，要与法规发生冲突等。我觉得您给我们提供的是一个从外部世界看人的视角。那么所有这些解释，当事人会接受吗？更重要的是又有什么意义呢！

斯金纳：我要解释两点。首先，这位自由开车人可能认为他自己有主动性，能够做一些产生重要变化的事情。但我却认为，他的行为是文化传统塑造的结果，这也就说明了他所身处的文化是提倡这种自主性的，而在许多文化中，却是根本塑造不出自由开车人的。

其次，他的行为是否由于他可以意识到的许多重要原因，而不是因为他受到了训练呢？以青少年犯罪和酗酒为例，我们就知道答案是否定的。显然，他们不会说："很抱歉，我酗酒是因为我真的感觉不舒服，我需要治疗，你们不要批评、责备我。"而是社会在这其中起了重要作用，社会文化教育孩子们以酗酒为耻辱，酗酒者应该遭到嘲笑和责备，并且他们的家人会受到很大的伤害等，这些都是社会文化为控制、惩罚酗酒而做出的努力，而不是当事者的觉醒。

现在大家普遍认为，这种社会文化的约束不起作用，转而去寻找其他更有效的途径对付酗酒者。当人们从一种控制方法，如惩罚，转向其他方法，如医疗的或者积极的教育措施时，这中间有一个过渡期，这时旧的方法不起作用了，而新的有效方法还没有出现，所以这时需要一系列的文化影响，而这是很难的。以酗酒为例，政府就应该禁止一些极具诱惑力的广告产品，我并不是说去阻止人们买酒，那是无效的，但是不应该允许广告商把酒精制品的广告做得那么漂亮诱人，这就是一种文化设计上的误导。如果能在这方面采取一些措施，如积极的教育措施，就会避免酗酒者遭唾弃、被判入狱等惩罚。因此，我倾向于认为，文化是起作用，而且从长远来看也更有效。这是一种没有强迫、没有暴力，也不需要发挥什么个人责任感的方式。

罗杰斯：从您刚才所讲的，我听出来，您是一种从外部世界看人的视角，如果说这就可以构成一个人完整的形象，我认为是不充分的，而且这个形象是无意义的，对于宇宙，如果也这样看，那么同样是无意义的。如果仅仅从外部视角看人，我90%地赞同您刚才所谈的，但是我发现，您不愿意采取一种内部视角来看人。

斯金纳：这正是我们的分歧所在。举个例子吧，我用内驱力这个概念来解释行为曾经历了一个漫长的过程，后来我开始放弃这种内部视角的解释，转而用外部视角，说实话，刚开始不难，当说"一只鼠有很强的饥饿感、饥饿驱动力时"，我就改换成"一只鼠被剥夺食物长达24或48小时"之类的说法，的确存在某种东西被称之为"饿"。但是强调引发这种驱动力的条件是很有价值的。我再举个例子，会更有利于我们的交流。

斯金纳：目前，我正在写一本教育技术的书，这本书的某些章节相信是很有意思的，因为它尝试探索了许多种性格特点的外部联系，而这些性格特点一般都是用来描述人的内部世界的。如兴趣、执迷或者说某种能克服过度工作的毅力，或者勇气等，通常被认为是自孩童时代就初步具有的人格特征。一个忘我奉献的科学家在实验室每天连续工作15小时，他具有一种热情，而这种忘我是许多人所不具备的，他们不能对事情专注到那个程度。

到现在为止，我们有充分的证据来说明一个人对某一事物专注的程度可以由他所受到过的强化来决定。以读书的兴趣为例，如果我们能有效地设计出一系列的书单，让孩子们从第一页就尝到成功的乐趣，而在这种美好的心境下去读第二页、第三页……我们就能够树立起他们对书的信心和兴趣，对音乐也是如此。

训练一个人成为科学家与教他如何使用实验器械是截然不同的两码事。如果你能够设计出一系列可以预见的小发现让他去实践，他就会一个接一个地去完成，最终建立一种兴趣或执著。许多事情都是这样，在这里，我用了一些像"兴趣"、"勇气"、"执著"等字眼儿，这些都是您所强调的个体的内在特征，而我却是从外部解释的。

罗杰斯： 阁下谈得很好，我也经常在思考各种外部控制的力量。但是您的意思好像是任何行为都可以从外部找到原因，从而就可以摒弃内部的原因。我倒是认为这是科学进步的表现，是科学的发展使我们看到了更多外部的因素，然而人是存在主观世界的，而且这是人生活中很重要的一部分，您却忽略了。也许有人会说："那只是看问题的不同方式，没有什么本质的区别。"我认为不是这样的。承不承认人的主观世界，会导致我们的行为有天壤之别。

以"学习机器或教学机器"为例。在数学学习中，如果他学到了他想学习的、他就会迫切地想知道下面的学习内容，这时其学习动机是高涨的，这很容易令人想起"以学生为中心的学习或教学"。的确，学习机器很有效。而在价值观念的学习中呢？一个学生或许可以去学习一套共产主义的价值观，或许可以去学习一套民主价值观，然而究竟选择哪一种呢？他就面临主观上的冲突、抉择，这就是我所说的与单纯考虑外部刺激时我们会看到的不同的"人"。

斯金纳： 我想我应该从行为科学的角度来阐述一下人是如何看待、理解他的内部经验的。我可以教一个孩子识别各种各样的颜色，如红色、蓝色、绿色等。但是我不能以同样的方式教会他识别各种情绪，我不能说"这就是信心；这就是尴尬不安"，有时我可以推测到他感到有信心，或者他在使用这个词，但是他的理解跟我是否完全一样呢？就无从知晓了。所以很难为内部经验设立一个统一的概念标准。虽然人们确实观察到了内部的活动，而它们却是"滞后性"的，是发生在行为或刺激之后的，不是行为的原因。

也许有人会说"我感到自己饿了，我感到焦虑"等。真的是这样吗？弗洛伊德的无意识理论或许对我们有所启发。所谓的意识行为，就是你意识到了你在做什么，你为什么那样做；而在无意识行为中，你没有以上的意识。也就是说，"滞后性"只发生在意识行为中，在无意识行为中没有。弗洛伊德还清楚地说明了影响意识和无意识行为的各种变量。如一个人的过去经历会影响他的行为，不管他是否意识到这一点。如果这样的话，那么经历就是行为的“伴生物”，至少是一种行为的倾向，而不是行为的原因。如果一个人想造望远镜，您会认为是他内部的某种东西驱使他这样，那么我们的“教学机器”就应该教他如何去做；而在我看来，他这样做，应归功于生活早期的一些事件，可能接触过望远镜或者有关的书籍、图片等，总之是由于他过去的经验所导致的，而不是那时那地突然的愿望或念头。

罗杰斯： 您的一番话使我有很多想法，我想我还是用一个例子来说明一下自己的想法。不久前，一位来访者告诉我他是如何对付权威和各种困难的，那就是“置若罔闻”。在与我的交谈中，他清楚了自己的应对方式，并且认为这是一种很大的收获。我对他说：“这是你跟世人开的一个玩笑，没人能够击败你。”他听了后想了一会儿，然后开始窃喜，继而笑而不止，这是他多年来第一次公开地欣赏他跟世人开的这个“玩笑”。

这个例子的确显示出人的行为与他的过去经历有关。而我想强调的是，我们确实不能教会一个人情绪、情感，但是当他接触到或正在经历这种情感时，告诉他、暗示他，他内心的那扇门会突然打开，领悟到了什么，而爆发出一串会心的笑声。

这个小小的例子同时也说明了仅仅从外部来解释行为是不全面的。我们两个都受自己过去经验的影响，我有幸了解人类内部在进行什么，而你却无缘知道鸽子和老鼠的内部活动，也就是这种经验上的差别，使得你只重视外部这一个维度，而我却重视内、外两方面。

斯金纳： 我觉得这种逃脱各种控制的现象是比较普遍的，像学生逃学、工人罢工、商人罢市等，或者内向、退缩的人都是一种逃避方式。你的这位来访者有他特殊的逃避方式，在他到你这儿来之前，他就可以做得很好，而你帮助他认识到了他在做什么。我实在不明白他为什么突然大笑。如果是其他人突然意识到自己在以一种退避的方式应对这个世界，他就不一定能笑得出来，可能在跟你交谈时，他对自己有了更深刻的认识。我想，这就是人类所谓的“自我理解”的游戏吧。

罗杰斯：我发现您的语言总是很理性、客观的，是对外部事件的一种直接描述，如果人类能够成功地做到这一点，那当然很好，但是我持怀疑态度。这种观念太狭窄了。就像以前有些芝加哥的学生认为“我不需要去感受，不需要去选择，一切都会自然地发生，我的生活是绝对理性的。”这种观念当然没错儿，但是在现实中却没有什么意义。

斯金纳：我想举一个弗洛伊德的例子，我们都知道，他的理论中用了很好的比喻，来说明人的内部活动与外部控制之间的关系。然而，让一个人回忆他的创伤经历后，却不一定能够治愈他。我并不是想用这个问题来为难你，我是想说，人对自己内部经验的理解发生在他的外部行为之后，而不是先有了内部的某种认识才做出反应，因而任何的比喻、玩笑都是主体对自己行为结果的认识，而不是原因。在这里我提的问题是，内部经验的相对重要性，而不是内部经验是否存在。

罗杰斯：您的意思好像是说，我重视主观经验，而且将其看做一切外部行为的内部源泉。我必须说明，这不是我的本意。人的内部经验是先于任何理性行为、活动及欲念的。但我并不是要将其解释为行为的原因，而是说它们是人类生活中最基础的部分。现在我们有了用于检验一切的基本标准，被称之为“科学”的东西，我很尊重科学，但是如果科学反而缩小了我们的视野，使我们忘了人是一种主观存在这一基本观念，那就是很不幸了。

斯金纳：噢，这可能将继续成为我们的分歧。

罗杰斯：是这样吗?

斯金纳：近些年来，人们对“科学”的人文特征的兴趣大有复兴势头。我就曾花了几个小时的时间向一位老先生解释，为什么他所看到的绿色，在我看来也是绿色，而不是红色。但遗憾的是，他最终也没搞明白，带着大大的问号进了棺材。因此说，我认为科学不是科学家的个人经验，我们不能说物理学就是物理学家头脑里的思想，而是物理学家所做的事情和他们能做的事情，是科学实践和许多具体程序的集合，并且具有共性，因而使人们之间有了共同语言。

如果说经验是直接的、重要的、有价值的，那是因为，我们每个人都有个内在的经验体系，即可以感知共同的东西。比如，我想教一个孩子“牙痛”的意思，我就必须在他患牙痛的时候教他。痛苦是一种强有力的外部刺激，因而这孩子从此记住了什么是牙痛。这比直接教给他大家认同的牙痛的种种外部标准，要有效得多。

当提倡内部经验的人大谈内部刺激时，我们这些提倡外部行为的人则花大量时间研究行为的外部操作性定义。以“生气”为例，我就想给它一个操作性定义，虽然很多时候，我们可以要求当事人描述他胸部的压力，可是我还是想给出一个行为主义的定义。

罗杰斯：这种定义在实践中是很少适用的。

斯金纳：早些年是这样的，当我很小的时候，我不知道该怎样描述行为，我会随便将其与神经系统受到的持续刺激联系在一起。然而现在，作为一名科学家，我给它的定义，是以描述我自己的生气行为作出发点的。我今天从未对您感到过气愤，但如果有人向我证明我用了一个例子或一段话表示了气愤，这就是气愤的行为性定义，我将会相信我对您生气了，而不是相信我自己的内部感情，佯装没生气。

罗杰斯：真是有意思。您是否在说，当生气时，就会出现一些自动化的行为？

斯金纳：不。总的说来，有几种行为模型常伴有自动释放行为，而并非总是情绪性的。强训练活动也是这样。……

罗杰斯：是这样的。

斯金纳：这种我们称之为愤怒的东西，我想从行为学的角度把它定义为一种损伤性或破坏性的性向——这是一个行为学定义——

它常常是伴有相对一贯的刺激因素的，因此，在完全没有任何驱动以及并不知道以任何方式行动的任何实际冲动的情况下，我可以告知我感到生气了。弗洛伊德曾做过的一件事就是要我们审视我们的行为，并不是要我们找出我们的情绪，因为它们是潜意识的，而是要找到在决定我们的行为中具有影响的种种后果。我认为这就是一种情感的行为学分析。根据定义，一切潜意识行为都必定是那样的。

罗杰斯：这一点，我必须仔细思索一下。我正试图努力弄清楚你是否知晓如何主观地生活，你曾就此两面的情况谈过一些事情，但我觉得还不十分清楚。为你着想，我希望如此，但……

斯金纳：如果你的意思是，我已经学会观察我自己身体的某些状态，并以关于我的行为的某种一贯性对其进行讨论的话，我就希望这样。我可以告诉你，我喜欢听瓦格纳（Wagner）的歌剧，以及我听的时候所做的事情，等等。我认为，在那种意义上，我过着一种很富情感的生活。但那并不是关于我的情感我感兴趣的东西。我期望那样继续享受生活。使我感兴趣的是我在这种意义上的情感，即针对各种不同的处境，以这种或那种方式行动的性向。很多次，我回头看我过去写的东西，看到那些感情激烈的词语，我感到震惊。但我当时并未意识到，而现在我也不能相信我曾对任何人有过那种情绪；由于感受到了这一点，我想要说的就是，我有这样损害他人的倾向。这就是对这里面的（他打手势指着他的身体）或者其他任何地方的刺激作用的发现。我认为对我来说，发现我在那种意义上生气，是无足轻重的小事。而对我非常重要的，我想，是要发现我的行为对大多数人是否是愤怒的行为，以及它似乎实际上与我身内发生着的事情没有关联。现在我可能很喜欢生某个人的气，但也可能喜欢比发怒更好的其他情感。我希望这样继续生活下去。在这种意义上，当然，我是过着一种富于体验的生活。

罗杰斯：我和你具有那种相同的体验，因为我也过着一种情感的生活。有时我会因它们而感到遗憾，同时也经常从它们那里得到乐趣，等等。我一直试图说明的是，生活本身的主观感觉是人之为人的一个极其重要的部分。在这点上，我不知道有任何需要抱歉的理由。这给我们更为客观的视野提供了维度和视角。

在我们完全跨过这一点之前，我想回头谈谈你对科学所发表的，使我很感兴趣的某些评论。如果我理解得正确，你实际上把科学知识看成是不计你、我、物理学家、或任何其他人在内的，现存的外部事实的汇编资料库。这有点儿出自语义学范畴的味道。我认为科学的成果之一就是取得了如此大量的事实数据；这不同于任何个人，而实际的科学研究工作在很大程度上仍旧是个人的事情，受制于主观决定，其间主观选择决定着许多事情：我们将研究什么；我们将要使用的方法；通过研究我们要达到的目的。当有足够数量的人从相似的经验中得出了相似的结论时，我们就说，"看来，那是已经近乎证实了的科学事实。"但是，这仍旧依赖于主观基础。

我不认为我曾想将此诉诸语言。我不十分清楚，这将会出现什么情况，但当观察那些在治疗中大有进展的受辅人员时，当他们得到越来越好的调整时，他们似乎已经在某种意义上学会了亲身实践一种主观科学技能。这也许在词语的使用上看来是完全矛盾的，但当这个人对他内心正在发生的事情变得更为开放时，他就会得到可以据以行动的更好数据。他的假设就更可能被他的经验所证实。他正在极为认真地，在内在主观的基础上，针对内心出现的活动，最佳地实践科学，验证从那些活动中得出的假设，并力行相继而来的后续行为。这一切都一直激发着我的兴趣。

斯金纳：很好，我们已经很投机地谈了好一会了。我承认，我享有我的经验，您享有您的经验。在你让它们在选择和决定中发挥作用之前，那是很好的，但是，你开始要它们在那方面发挥作用，它们却什么作用也起不了。因为它们是完成某一件事情的结果。当一个人在做决定时，毫无疑问，他是在努力说服他自己，只不过是通过环境，或者，是通过他在环境中学会的一种行为内化作用来实现的。以后，他也许会觉得某一选择或决定是正确的，不过这是以后的事情。

如果我要教别人如何做决定，我不会试图教给他这种内心活动。我会教给他，在给定的一系列环境中，为了最终做出最可能的决定，所要通过的那些外在的、数学的、统计学的办事常规。当你做出某一闪电似的快速决定时，会出现什么情况呢？我想你我都不知道。我们俩谁都没有内在或外在的数据。事情发生得太快，无法跟上。我坚持要对因果功效加以区分。我的意思并不是说，对自己的生活已经做出决定的人，这时就意识不到这一决定了。他会觉得这一决定是正确的。他会意识到他当前打算要做的事等。但是，我要尽可能深入地询问，这里不可缺少的组成成分是否不是环境和他的自我控制，即环境的自行管理的控制。

罗杰斯：对于这一点，我觉得有各种不同的反应。但是，谢谢你今天下午给我作了第一次陈述。看看时钟，我知道我们的时间已到，因此我要请你，在我们今天的讨论中，作最后结论性的发言。

斯金纳：罗杰斯博士客气地主动提出，要让我这一次首先发言，因为我昨天让他先发了言。我希望这是这次长时间会谈中，一直努力彼此公平对待的象征。我要在今天上午的开场白中说明两点。一、我要对主持人示意我们应当尽早开始讨论教育问题做出回应。二、我还要力争，就实现我确信是非常相似的目标所采用的手段，和罗杰斯博士达成某种程度的谅解。昨天展现出来的主要争议涉及内心体验，及其在人行为中的地位。我准备将我的事例尽可能地陈述清楚，并希望我们能努力去弄明白是否有根本分歧，或者，我们是不是在某种意义上讨论着同一事情。

根据对教育的分析，我想，探讨三个事例。这三个事例都与所谓必然是一种外部教学过程相关的内心活动有关。我并不认为罗杰斯博士对这三个事例中的任何一例负有责任，但是，在我看来，我将要提出的论点，可通过把原始活动作为与内心体验相关联的东西分离开来，就成为解释行为所做努力的例子。在这个意义上，我就不得不把他视作这些事例的同情者了。我要以教学知识（言语知识或技巧）、教学思想以及我昨天顺便提到的某些个性特征的训练为例。

其中第一个事例与言语行为的意义有关。我写过一本颇长的书，有人说是一本很难读的书。其目的是想从说话者的一方说明言语行为。同时，从听话人的一方解释对言语刺激的种种反应，而未提及：一、对意义的理解；二、对想法或见解的早先的理解；三、对信息的新近的理解。这三项，在一认知行为本身并非言语行为，却又发生在言语行为之前时以及言语行为仅仅成为某种征兆或象征时，都可能出现根本性的错误。言语行为的意义就是内心活动。

先举个非言语的例子。有个古老的笑话，说的是一个跑步追赶火车的人，和一个进行跑步锻炼的人之间的区别。从生理学的角度看，两个人做的是同样的事。他们有何不同呢？如果你相信意义是构成行为特征的某种东西，那么，你就必然认为他们的行为应该是不同的。他们可能在生理学意义上是相同的，但是，其中一个具有追赶火车的意义，而另一个具有为未来的赛跑提高自己的意义。我寻找那个不同之点——不在行为，因为我认为行为在两个事例中，是或者可能是相同的；而是在作为行为原由的变项上。在每个事例中，都有其不同的发展过程，以及可以称之为不同目的的东西。现在，罗杰斯博士将目的作为对行为分析不具任何意义的东西。我却认为这具有重大意义。我曾设法表明，强化只不过是目的的另一种说法。唯一的区别是它能识别出一件事情是重要的那个特征性的时刻。

在行为的演化过程中，如果你认为蜘蛛为了捕捉苍蝇在筑网，以便它生存下来并繁衍后代，这就好像说将来用网捕捉苍蝇已经和筑网有了某种联系。实际上，我认为生物学家会认为那是活动顺序的颠倒，筑网的目的在于过去。换句话说，过去的蜘蛛已经筑成有效蛛网找到了食物供应。这就意味着它们以自己的行为已存活下来，同时，我认为这是成为食物供应主要原因的一种继承行为模式。因此，在生物进化的格局中，看来似乎是某一活动的未来目的东西实际上是对过去事例的一种参照。

关于操作性行为，情况也是如此。因为，为了影响你，我现在所做的事情完全不能由我尚未取得的效果来确定。它是由在曾以各种方式塑造了我的言语行为的过去，我已经取得了的效果来确定。当然，你将在下面5到10分钟内影响我的行为发展。我乐意接受这个关于老鼠的笑话的观点，老鼠指出它已牢牢控制了我。任何科学技术最终都会以其主要内容体现人的行为。设计回旋加速器的人精密地进行设计，以便某些特定的过程在加速器内按给定的方式发生。如果他不做到这一点，他的加速器就会被废弃，而某个其他人的就会继续存在下来。所以，你怀有的，认为你当前所作事情的意义——你正在做事情的目的——是非常重要的，这种感情是十分真实的。如果我问一个人，"你在为什么事跑啊?"他说，"我在跑去赶火车，"这并不意味他知道他的目的，除非他了解他正在跑的条件和将会使他跑至终点的条件。他是把这当作过去的目的来看的。

在分析言语知识教学中，我认为重要的是要认识到言语知识教学总是与行为教学相联系，而不是与行为所表达的想法相关联。逻辑上，除了用以表达命题的所有方法外，不存在任何命题这类东西。那是完全合乎逻辑的说明，但没有多大意义。为了深入讲授某一特定概念，你所要做的就是用多种方式讲授它。那就是你最贴近地触及除言语行为之外的概念；那就是成为一连串言语回答的缘由的某一系列条件。死记硬背的学习和有深刻见解的教学之间的差异常常仅是：你讲授事物，并不是作为一个记住的单一回答，而是作为和同一变项相关的一连串回答来教授的。

第二个例子与在学生内心寻找某种因素来解释其行为有关。据我的看法，这是对教育目标的错误理解。有一个这样的例子。在柏拉图中有苏格拉底试图教奴隶儿童毕达哥拉斯黄金定理的一个场面。这时候，毕达哥拉斯是一位崇尚精神生活的人。他觉得灵魂认识真理，而学习仅仅是记忆和回忆。这或许是在重新聚集意义上的回忆，从而间接表明，教育过程只是使潜藏在学生内心的某些东西显现出来。这在今天的教育中仍旧是流行的看法。

我们研究一下那个事例吧。苏格拉底想证明任何人类有机体都知道一个很难的命题，即折叠正方形。他叫进一个男仆来并履行一个实质上是非常苏格拉底式的礼仪手续。首先他做了个正方形，然后对男仆说，“这是一个正方形，是吗？”男仆说，“是”。他说，“如果我这样做，它就分成为两部分了，是吗？”男仆说，“是”。他这样继续下去。这个例子今天仍被引用来作为引导学生给出答案的一般模式，教授对数学定理进行具有深刻洞察力理解的教学法的验证。我就曾经遇到从那篇对话中模仿那男仆评注式答话的麻烦；这些答话汇集起来时可以足足持续一分钟。那男仆的一套回答有点像这样：“是，当然，苏格拉底。”“完全正确，苏格拉底。”“不，当然不，苏格拉底。”“是，毫无疑问，您是正确的，苏格拉底，”等等。当苏格拉底完成了这个示教之后，他并未做任何努力去说明那个男仆是否能重新完成这项工作。我肯定他不能，因他不曾有任何作为，只是同意苏格拉底的示教做法而已。这是教育文献的重大欺骗之一，但它仍旧作为人们如何能从学生的内在经验中发掘真理的例子而被引证。

这是一个支持当今数学课程计划的理论：你必须使学生兴奋，你必须让他亲自去发现。其含义是，你只有亲自发现之后才有所知；你亲自找到的东西，你才记得更牢。我毫不怀疑，在一位好教师的手里，这种苏格拉底技术能够激起学生的兴趣、好奇心，甚至勤奋。但是，当你分析正发生的事情时，它又回到行为控制上来。从来没有证据表明，我们都内在地以某种潜在形式拥有欧几里得(Euclid)，以及我们能被引导去亲自找到它。人们找到了几何学。我猜想，欧几里得是把长长的发现史汇集起来并编辑成了一本书。那是一件困难的事，而假定在我们知道几何学之前，我们必须全都重新再做一遍，我想，那又不是研究教育的有效办法。我见过一位七年级的老师，试图用这种方法教授语法。希腊人不仅发现了几何学，也发现了语法。那是个伟大的发现，一定花了很多的时间。我不明白，为什么一个七年级班非得要单靠自己的力量再经历那一切。这位教师把句子写在黑板上，并努力设法要学生说，“那一个是‘thing’词，那一个是‘action’词。”那些自由大声发言，说是“名词”和“动词”的学生被嘘止，并被告知不要用那些词——“关于这些词，让我们自己查找出来吧。”就这样，在很长一段上课时间里，学生们使劲地去识别这两种类型的词，而最终这些词结果还是叫做“名词”和“动词”。好吧，这可能具有激发某种积极性的效果，但是，我能想到激发儿童们学习兴趣的多种更好的方法。

我的第三个例子与我昨天作为行为例子所谈到的个性特征有关。我们喜欢把这些特征归因于有机体内的某种因素。我还提到了对艺术、音乐、文学、个人对自己所做事情的欣赏。有人提出了情绪条件作用的问题。我将举一个例子。有些孩子受处罚不哭。他们似乎特别勇敢，承受新奇的经历而不惊恐。这究竟是何以使然。有某种称之为勇敢的东西先天就进入到某些人的身内而未进入另一些人，或者说，任何人都可能被赋予这些个性特征呢？《爱弥尔》(*Emile*)一书，是一本引人注目的专论人的行为的著作。该书虽然可能是根本错误的，然而，仍不失为当时最有创见的一本书，卢梭(Rousseau)在这本书中，推荐教小孩忍受难受刺激而无情绪反应的方法。他首先提出了冷水浴的想法，这当然会使婴儿哭。他建议你第一天用和体温一样热的水，然后逐日减低温度。为了使这一做法具有科学性，他建议使用一只体温计。你每天将水温降低一度，最终你将婴儿扑通一声放进冰水中，婴儿能耐受住冰冷的刺激、而毫无不良反应。这时你可能不会称这种反应为情感了。它是一种承受某种事物的能力，而这事物是未经过那种历史过程的和一生羞怯或胆小的普通孩童所不能承受的。

卢梭也以这更具感染力的事实为例。他讲了有关赫克托尔(Hector)和安德洛弥特(Andrometer)，以及一个婴儿的故事。当父亲和那个婴儿告别时，他被父亲的战盔所惊吓。他提出了为什么小儿能被难看的面具或脸孔所惊吓的问题。他建议你制作一个系列的面具，包括从讨人喜欢的到令人害怕的，过渡差异要小。某一天你从悦目的面孔开始，去和那婴儿相处，然后逐渐地向可怕的面具更换。结果是他再也不受那可怕的场面所惊吓了。现在，我相信我们严重地忽视了我们教育体制中的情感训练。人们强烈反对《沃尔登Ⅱ》（*Walden Two*）中的这样一场——孩子们颈上围绕着一圈棒棒糖，但在这一天中，不得用他们的舌头去舔那些棒棒糖。然而，我倒想多见到一点道德和伦理的训练。我相信，这样做，每个人都将成为勇敢的男人或勇敢的女人，都能够承受必要的痛苦刺激而不退缩，同时，也不会被他可怕的情绪激动的景况弄得心神不安。这可能还包括失败或失意的时间在内。

我曾举过这三个例子：言语命题的意义，对数学问题的彻底全面思考，以及品格特质。在所有这些方面中，民族倾向认为带有这种特征的个人应具有某种非常重要的东西。知道这东西的人已经在这里面拥有了它。他能谈论它，但在不谈论它时，它就在这里面。我也确信，在某种生理条件下，它在这里面。我也确信，那人知道它是不是在那里面。但是，它在那里面，因为它是被置放进去的。知识是被注入的，不是被提取出的。许多人对"educate（教育）"一词有所误解。Educate（拉丁语）的意思是：从学生的身内提取出某种东西。知识是被注入的，我们作为教育者的工作就是灌输或塑造行为——把它建立起来并加以巩固，而不是去发现它已经存在于学生身内，将它提取出来。我从来不否定，当一个人审视自己并汇报自己的情况时，他所能意识到的那些事物的存在——不论他是否害怕，不论他是否抓住了问题要害，不论他是否领会了某一理论解释的要点，等等。我认为这种情况肯定还会继续下去。我们之间的问题不是内在活动的存在问题，而是作为明显行为的解释性和效验性原因的那些行为的状态。这就是教育事业所要筹划的。

另一热点。当你使学生处于一种困难的境地，即一种可能使他惊恐的，但由于他能自制，而又不害怕的处境；一种可能使他为难的，但由于他解决了问题，而又未被难住的处境；一种可能表明他是无知的，但由于他能对答过关，而又未能证明如此的境地；当你采用一种任其沉浮的手段去造成一种境况时，孩子或学生在其中必须是富有洞察力的、有深刻见解的、勇敢的，那你把他自己的问题留给他自己去解决。那已经是教育的一种走向。另一方面，当他在罕见的境况下能解决那些问题时，你就向他表示钦佩。你钦佩林肯，是因为虽然没有任何人教过他，但他仍获得了教育。你并不因为富兰克林·罗斯福（Franklin Roosevelt）在哈佛受过教育而赞赏他，因为哈佛教过他。（罗杰斯发笑。）如果教育制度足以在每个人身上产生这些效果，就没有什么可称羡的了。钦羡赞赏的唯一目的就是要弥补你所受教育的不足。我倒喜欢每个人不用费多大力气就能受到教育的世界。如果我们得不到那样的世界，我就将和你一道，向那些在极端不利条件下获得教育的人表示敬意。所不同的是，在一个有效的世界里，赞赏的理由将会消失。我们将因没有了赞扬而感到不适应，但它就是我们必须学会没有它仍能过得下去的某种东西。

罗杰斯：斯金纳博士告诉我，他今天起来得很早——我并不知道他起来得那样早。对于他所说的一切，我觉得：我不十分清楚，他是在对谁说话，从某种角度看，他不是在对我说话。我是十分认真这么说的。正如在分歧十分真实而又十分深刻的时候常常发生的那样，要防止沟通脱离谈话中心是困难的。我对他刚才说的没有特殊的回应，因为我觉得，他并不是在谈我认为的那种议题。相反，我觉得不得不发表我自己的讲话。分歧的真正调和，使其成为一种真正的对话，可能要到这个小时较晚的时候，或者仅能出现在你们（听众）之中，我不能肯定。我们得等着瞧。

当我考虑昨天的会谈时，我觉得，由于话题是行为控制，我的讲话多是批评性的和“反……”的。那并不是我的特征。我是一个肯定多于批评的人，因此，对于那一点，我感到有点不乐意。或许为了抵消那一点，我想借用斯金纳博士好的说法，就文化的设计说几句话。我还将提出教育问题，但我想就在那个背景中提出。我这样做的部分目的是要指出，当有人要设计一种文化时，如果他重视经验的主观方面的话，他可以采取不同的方向。使我特别考虑的事情就是温德尔·约翰逊（Wendel Johnson）昨晚向我们提出的挑战，我们应该着重说明鸽子和人之间的差异。那对我具有真正的意义。

人确实具有知晓的能力。我们有创造符号体系的宝贵能力；我认为，创造符号系统与知晓是同义的。我们有丰富的主观生存能力。我们拥有有机体的价值估价的能力，那就是，我们能够根据我们自己的体验，检验物体和事件，并能在我们的经验中估计它们具有增强我们还是具破坏性的价值。这些只是人拥有的少数几种能力。大多数鸽子，除了那最后一件事外，对其他任何事情，都只具有相对较小的能力，在那最后一件事上，我们可能可以向它们学习。我想谈谈设计一种文化；这种文化会真正最大限度地提高人的品质，以建成一种为人的，而不是为鸽子的文化。

我将首先把我的谈话基础置于某项心理治疗研究上，因为在某种程度上，我是一个科学工作者，虽然昨晚我为把自己看作一个困窘的执业心理医师而感到好笑。然而，在科学方面，我还是有些经验的。一些在心理治疗中所完成的研究表明，心理氛围的类别将会改善并最大程度地增强人的真实品质，并开始具体说明这种心理氛围的某些基本组成成分。我们知道，当一个人作为人而受到奖励时，作为人而受到尊重时，那是很有助益的。我们知道，当一个人在他自己的经验中所发现的个人价值意义受到别人的深刻理解，从而在他身上得到确认时，这也是能够释放人的建设性品质的心理氛围的一种特质。我们知道，当一个人加入到真正的，和其他真诚的人们一起的，主观“会心”小组会时，这也是一种释放要素。

在我要支持设计的那种文化中，父母、教师以及其他人的人们，都可能得到帮助，在他们交往的人的生活情景中，去建立这样的条件。这样，我就可以希望并期待发现更多的，会有那种释放性质的组成要素。我们在这类调查和研究中的目标是要找到能够增强个人选择的能力、自主的能力、自发性和创造性的能力、自立的能力、灵活适应的能力。这些条件将会增强，昨晚在专题小组讨论会上，被很好描述为朝向个人科学地位发展的趋势；那就是，在个人自己的私人和主观生活中，按科学原则生活。简而言之，通过建立这些条件，我们就易于实现个人，不会受制于控制者手中的可能性。

现在，我还想就那些观念在教育中的应用讲两句。我曾在很多场合，试图建立那些条件，作为学生的学习环境。但我总未获得成功。关于真正能把人们身上的自由释放出来的那类条件，我们还有大量的东西尚未了解。然而，当人能开创那种能使个人在选择上更自由，在奔向他们的目标时更自主的心理环境氛围，从而对他们自己的进取心具有更大的信心时，结果将是以足够的力量使人不可抗拒地努力，向那个领域进一步前进。我这里谈的是能够凭经验估量和考查的东西。那就是，在我可能为人们设计的文化中，我所渴望的那种教育氛围。我相信，它会增强和促进自主学习。这并不是说，要回过头去一步一步地熬过数世纪前希腊人学会了的一切。而是说，要利用一切可能的现代资源，把当前的重点工作进行到底，并要在自选、自主、自创的基础上贯彻始终。那种教育并不会取得可能被事先限定的静止目标。它要取得的是在主导他们自身方面，有更大程度自信的，变化着的人们的发展。

这是现代世界所迫切需要的东西。在我看来，民主的整个哲学体系，以及它对自决的强调，直到目前，在世界上只取得了非常小的进展。它在政治领域中已得到了一点承认并开始显示出向其他方面轻微弥散的趋势。但我现在要谈的是民主原则向个人生活、个人学习、群体和家庭的生活方式扩展。不仅个人价值，而且个人自决和选择的能力和权利都将是重要的。显然，我所描述的这类事物不会产生封闭的社会。没有任何一个人能够对其一无所知地便事先设计出这个社会来。它将会导致一种开放的，变革的社会。变革和变革过程将成为社会的一个有机部分。我认为这是很重要的。通过发展一个社会，在这个社会里，父母和老师以及其他在领导岗位的人，无论是政府的或是其他方面的，都能提供有利于个人成长发展的条件，我们就会拥有一个存在可变性和个人自我实现的社会。我们将有独特发展的，具有个人自由意识的，对面对的实际问题自由寻求答案的，同时，对社会问题也寻求解决之道的个人。在这种文化中，每个公民都将是负责任的规划者。我们原本要开创一个持续和自主的变革过程，而不是一个由一个人建立的，或由某一精英人物所建立的社团。社会成为一种明智处理世界所面临问题的，充满活力的变革流的可能性将会大大地增强。

对我来说，行为科学的最重要的任务是发现并努力创造能释放可变性、释放创造性行为和自主性的条件，从而使个人不那么可以预测和不那么可能被控制。这和建立一种计划控制一样，是一种行为科学的可行目标。

罗杰斯：我听到的一个故事——不知道是否真实；如果不是真的，它应该或可能是——一位早期调查研究言语行为操作性条件作用的人，就他所从事的研究工作，给学生们所做的非常有说服力的介绍。该项研究表明，你可以使个人的言语行为形成条件反射。他的学生中有些人认为，操作性地使他形成条件反射，那将是有趣的。他有经常喜欢运用的手势动作。每当他运用那个手势时，他们都赞同地点头或微笑或显露出特别注意的表情——以“奖励”他的那个动作，并使他的行为条件反射性地增加那个动作。他们这样做了，并取得了效果。他开始越来越多地运用他们所激励的那个手势。当他们认为已经使他充分形成条件反射时，他们就把这个实验告诉了他。大家便一齐欣然大笑。

现在，对我来说，至关重要的问题是，一旦教师意识到，他在受到奖励的操纵，奖励就不会再起作用了。清楚的是，所有外部行为可能仍完全一样——学生们可能继续操作性地影响这个手势，但这些奖励不会再有效。为什么呢？原因是教师对构成奖励的内容的主观理解发生了改变。点头和微笑不再被理解为奖励。这正是我认为必须纳入科学领域的事情。

斯金纳：首先，请让我解释一下那件轶事。实际上，这里交织着两个实例。在其中一例中，我讲述了一位参加圆桌讨论会的精神科医生的行为，我觉得他讲话有点过多，有损良好的交流。我沿桌面给一位朋友递过一张纸条，写道："注意瞧X博士的左手。我打算想出个顶嘴的回答来。"事情就是这么巧，X博士正隔着一张桌子从我跟前走过，并主要是看着我。他总是喜欢做手势。所以我只朝一侧看，从我的眼角，我就能十分清楚地看见他的姿势。每当他举起左臂时，我就面无表情地看着他，而每当他左臂放下时，我就点头。他当时紧握住他的手表达5分钟之久。纸条返回来说，"看你怎样解除它吧。"我必须承认，我不能。

另一故事是，不久以前，我在中西部的一所学院作过一系列演讲。该校的一位教授，因我被邀请发言而勃然大怒。在我在那里住下来的那一周，他就开宗明义地向他班的同学说，我是个讨厌的人，只要我待在象牙塔里，那就一切平安，但如果我显示出有实际影响的任何迹象，他就要叫行刑队采取行动。（罗杰斯发笑。）哟，他班上的学生对此感到有点气愤，他们就计划出了这个特殊的花招。首先，他们强化他走过来并站在讲台右侧角的印象，当他们达到这一效果时，他们然后又强化他走回去面对黑板，他们做到这一点是通过死板着面孔直至他朝那个方向移动，然后他们开始微笑，并向他表示同意，很快，他就在讲台的那个角上蹒跚行走起来。这时，信号消失，已经不再需要。他蹒跚了一会儿，但他们都板着面孔。当他面向黑板，转过头来看班上的学生时，他们又再点头。当时，我并不在那儿，但他们告诉我，他面对黑板，转过头来讲完了那堂课。

在这两个事例中，受控人都不知道所发生的事情，我不想考虑，如果他知道，会有什么后果，因为，一旦你发现这些特征性会强化刺激出于某一目的，你就会形成对它们的抵抗。那个拍肩摸背的戴尔·卡内基（Dale Carnegie）家伙，他一心想和你交朋友并影响你，如果你也读过戴尔·卡内基，那就相差不远了。然而，强化刺激不起作用的说法是不真实的。我不知道有任何人能够不在某种程度上受到谄媚奉承的影响，即使他知道阿谀奉承者别有用心。病态赌博者，如果他研究过有关强化方式的书，就可能很清楚知道他为什么在赌博。他是可变率程序的受害者。为此原因，他不能停止赌博。社会性的强化认可，例如微笑，如果你发现使用它的人是一心想进行控制，是可以被破除的，因为那就已降低了强化刺激的作用。但是，当强化刺激物具有稳定性时，如钱那样，你可能很清楚地知道，它正被用来控制你，而你仍旧受控制。

罗杰斯：我可以就这一点谈点意见吗？全面地考虑这一议题是很有趣的。一种人的行为理论，只有不让该理论在他们身上实施的人知晓，才会是有效的，依我看，就不是一种令人满意的人的行为理论。比方说，如果《沃尔登Ⅱ》(*Walden Two*) 中的人物知道那是已经开始运作的计划，如果这样就会破坏许多强化刺激的有效性，那么，这就不是一种完备的或有效的行为理论。这一直是使我困惑不解的问题之一。斯金纳博士同意这种看法使我很感兴趣。

同样，也有几种心理治疗的理论，只有在当事人完全不知道治疗师据以施行治疗和他正努力推行的原理的条件下，才会发挥有效作用。但在我认为有意义的这种治疗法中，个人越知道我所要创造的环境氛围，越了解我相信会起作用的原理，他就越能明智地参与到治疗体验中去。在我想要描述的文化中，情况也是这样。个人越意识到我们追求的基本原则，或对所发生的事情越了解，他在那种文化中的参与就会越明智越热情。那就是我认为它是一种更有说服力或更能广为应用的理论的一个理由：它不会因人知道正在发生的事情而使效果受到影响。

斯金纳：对不起，我没把我的意思说清楚。发现有人虚情假意奉承你会在你这一方引发反控制行动的原因并不是强化信念上出了什么问题，而是对这特殊强化物的价值重视下降所致。

罗杰斯：从主观的角度，请您说说，好吗？

斯金纳：不，实际上，我不想说。一张一美元的钞票具有强化刺激效果、能力、价值，是因为它可以立即兑换成有强化刺激作用的这种或那种商品。如果钱发生贬值，那张纸币变成无价值的了，它就不再有强化刺激作用了。但那并不能否认在它具有这种特定价值时的强化刺激作用，而使它贬值的原因就是它不再可以兑换我们的原强化物了。我还未听说过对强化过程的了解会抵消其作用的任何事例。如果有人虚伪地恭维奉承，其效果受到破坏而失效，就像钱作为强化刺激物的效果在过度的通货膨胀中会失效一样。我本人就是为生活而工作。虽然我完全清楚我是在受到钱的强化刺激，但我还是来到了这里，因为我受到了强化刺激。虽然明知这一点，我还是来了，实际上，我很高兴地来到了这里。如果你试图减轻或控制你的体重，你会非常了解各种食物的强化效果。虽然你可能在反控制这点上很成功，但你不能否认这些食物正发挥着强化刺激作用。如果你不注意这一点，它们便会增强你的消化行为直至使你受到损害的程度。一种普遍的误解是，如果你知道你正在受到强化作用，强化就不起作用了。如果你知道正被用来支付你报酬的钱是伪币，它就不起作用了，但是，在原先使钱成为条件强化物的条件被取消的情况下，它还是产生了。

罗杰斯：你说，强化刺激物对个人强化的刺激值的改变程度是随着他对被给予的不真诚强化刺激物所感到的程度而相应变化的。我对此很感兴趣。这使我得到了某种我想要说明的，一种非常真实的感情反应。我对你的真诚表示高度的尊敬。据我看来，你是一位真正诚实的人。但当我听到你实际描述的理论时，我得到的又是一种非常不同的感觉。我因昨晚察觉到我对阅读《沃尔登Ⅱ》所采取的反应方式而感困窘。我读《沃尔登Ⅱ》已是很久的事了，所以它对我来说好似一件新鲜事物，我对我感觉到的那种强烈反应感到惊讶。事后我苦苦思索，想找出其原因来，因为当时所描述的是集体心理治疗和灵修型的练习，这看来其本身肯定是完全无害的。

我认为，我做出那种反应的理由是：在这个世界上，如你想看到的，似乎没有任何东西是真正真实的。一切事物都带有“假”的性质。由于你贬低主观事物的价值，一切真实的事物都是不同于它的外表的那个样子。例如，对于从事灵修型练习人们来说，对法规表示的忠诚将会被主观地体验为一种真正的虔诚。但是弗雷奇尔（社会的策划者）知道并且已知道了这些表达方式就是那样设计的，但并非是真实的，它们只不过是一项专门设计来使人和法规保持一致的人类工程而已。我意识到如果《沃尔登Ⅱ》中的个人了解这一点，他最低限度要做到的将是停止那些操练。因此，就我理解，整个社会都是基于暗中控制的观念之上的。这使我很想知道，一个真正的沃尔登Ⅱ会维持多久。这并非一个空穴来风的问题，因为我已听说你正努力筹措经费以建立一个实际的沃尔登Ⅱ。纵然你很真诚，我也毫无怀疑，但依我看，你所建筑的这个虚拟世界根本不是真诚的。它们不是真实的。

斯金纳：我很高兴，你给了我一个对昨晚就《沃尔登Ⅱ》所作评论作出回应的机会，虽然它们并非是为使著作者感到满意而设计的。（罗杰斯发笑。）但实际上，我就是那样设计的。（罗杰斯又发笑。）关于那本书有两件事在讨论中应予考虑。这个问题是针对评论家，在识别带有某种特殊性格的作者时，所具有的困难而提出的。你能做的一件事就是去问作者本人。现在我在这里要说的是，当我写这本书时，对弗雷奇尔（Frazier），我也深怀疑虑。我认为，这本书主要是我自己设计的由伯里斯（Burris）和弗雷奇尔（Frazier）所代表的两个侧面之间的一场斗争。但是，当我给予弗雷奇尔，作为一个虚构人物，说我自己不敢说的话的机会时，在我看来，一切都是具有意义的，而我现在就是一位坚定的弗雷奇尔分子。

然而，这并未使那篇文章成为一篇雄辩有力之作，理由有二。首先，弗雷奇尔表明了这一观点。我有意让他成为一个不讨人喜欢的人物。书中有一段描述这整个问题被彻底辩论的场景。这里的中心内容是，如弗雷奇尔所说，人可以通过科学分析制订出一种更好的生活方式，可是，他本人可能来不及过那种生活。他自己可能不是该特殊文化现在能产生出来的那种令人钦佩的人，因为他不是它的产品。弗雷奇尔从反面来说明事物：人能够创造出好的文化惯例，而自己却不能承受它们。弗雷奇尔具有你可能称之为消极魅力的特质。所有伟大领袖人物都享有过魅力。耶稣（Jesus）拥有魅力。圣保罗（St Paul）有过魅力。其他的领袖人物，有过不大为人钦羡的魅力。他们作为人都是有影响的，但弗雷奇尔作为一个人却不具影响。没有人知道他是谁，也没有人知道他在创建社区中的作用。他试图找来几个设计师，给一小群人解释某件事情，相反他们却溜走去游泳，等等。他绝不是当前意义上的一位领袖人物。这一点是我特意加入书中的。

所以，他对星期天礼拜仪式的描述被普遍认为是讽刺性的，恶欲激起读者持批评态度。当时，我写这本书是要提醒人们警惕出现某种乌托邦（Utopia）的种种可能性。如有人指出的那样，这个主要问题，又回到了对乌托邦进行批评性思考的相当长的一个时期。今天的问题不是它们是否可能，而是如何能防止它们产生。（罗杰斯发笑。）这可能是须要认真对待的。如罗杰斯博士曾说过的，对于这个问题，我是真诚的。我非常关注行为技巧可能被滥用的问题。

那段文章软弱无力的另一原因是，如昨晚解释的，它引进了弗雷奇尔所列各种不同的价值观念。我当时想写一本描述实验的书，同时我必须对那10年运作的结果进行评估。书的主要内容是所有文化都是实验性的——或者应该是实验性的。不论它们是否是设计成的，它们都是实验性的，因为如果它们不是强劲健康的，它们最终将会消失。一个设计适当的文化应将自己设计为一种实验，以便能够经受检验并能随特殊情况要求作出应变。我必须对在十年结束时已出现的各种价值作出推测。它们都是中产阶级的价值观。我完全了解这一点。我知道我的中产阶级的身份和中产阶级的素养，因而，我自然地追求像健康、智慧、财富、舒适、生产效率、创造力，等等一类的事物。

但直接讨论那些事物的文章，我认为，会从更好的角度来介绍它们。首先，你必须为社区选定某个规划。如弗雷奇尔所说，“首先，我宁要健康，不要疾病。我宁要智慧，不要无知。”等等。我想，我们在那一点上完全一致，而并不忽视以下事实，即常有这样的时候，人们必须判定是否要重视健康胜过智慧，等等。你开始进行一项以这些原则为基础的设计。它们并不真正是哲学意义上的价值。你必须为某件东西设计。你为某件事做计划，首先，你得选择看来是我们生活方式中最佳的方面。然而，在一个实验性社区的条件下，你很可能发现这些事物都在不断变化之中。我担心，我们将是很成功的，但不是在对人的管教方面，而在是使得他们太难于管束和难于对付方面。

我不能肯定，我会开创一个实验性社区，但如果我应当开办一个的话，最具挑战性的事务之一就是在孩子出生后的头5～6年中，对他进行完全的生态学管理。在我们的现存文化中，那些年月成了巨大的浪费时光。这些敏感的有机体在那个时期是能取得极好成绩的，而所有孩子达到的都是被严重损害的5～6岁。现在那已能用不同方法来达成，能通过一开始就对环境进行全面控制来完成，这样就会产生自我管理和自我控制的技能，从而随着孩子的年龄增长，环境能宽松，孩子能独立自主地生活。我完全同意罗杰斯博士的看法，我们需要释放个人的自由，这就意味着摆脱明显的，特别是讨厌的外部控制的自由。我要教人对自己说话，仔细检查计划，作为个人反省自身，等等。

自我管理的技巧能够并应当从幼年时就开始教。不存在6岁的孩子不能达成自理的任何理由。6岁并不太早。我们不知道什么是太早。整个愿意或乐意的观念是有关这些内在力量最坏的东西之一，我确信罗杰斯博士会和我一样迅速予以谴责。“孩子在其读书条件具备之前学不会阅读”是对人的行为的一种最坏的、抑制性的、内在经验的、虚构的、假设性的限制。耶鲁（Yale）大学让三岁半的孩子们，用正确指法，在电动打字机上，打印出完整的句子。这些做法完全不是常规的死记硬背的做法，而是对投射在屏幕上的句子的言语回答。三岁半大呀！他们都是来自纽黑文（New Haver）的中产阶级的孩子。他们决不是什么天才。我们一点也不知道，这个非常复杂精密的人类有机体究竟能做些什么。

在结束之前，我想给罗杰斯博士一些回答的时间。我希望，在今天上午结束之前，我也能提一个关于鸽子和人有什么区别的问题。

罗杰斯：很好。我和斯金纳博士意见一致的一个真正基本方面是我们关于人类有机体的大量潜力尚未发掘出来的观点。这些潜力还从未充分释放出来或者被完全开发出来过。虽然我们可能采取稍有不同的途径去达到目标，但我认为在那一点上，我们是真正完全一致的。对于斯金纳博士我有多大的影响——他称其为控制，我却叫它为影响——我不曾有过确切的把握。他的这一说法激起了我很大的兴趣。他说，如果你打算设计一种文化或一个社会，你必须首先选定一定的价值观念。我不知道在他的专门用语中，必须选定一定的价值观念，是什么意思。因为我的整体理解是，精确地说，正是在那点上，他觉得这是不可行的。然而，我衷心同意他的说法，我确实应当选择一定的价值观念，而且那些选择应在我们重新设计一种文化之前进行。我还希望我们将选定能具体体现变革全过程的价值观念。我从来就不喜欢静止型的价值观，不论是中产阶级的，还是其他什么阶级的，这些价值观已包含在《沃尔登Ⅱ》或斯金纳博士的著作中。

到此，我想换一个话题，引入一个我们未曾触及的议题。这就是我们可能勉强同意行为科学极为狭隘观点的感情问题。我认为，这是我们之间的一个真正不同之处。我现在要快速阅读两份报告，一份来自一位精神科医师，一份来自心理学家。那位精神科医师说，“不幸的是，那些盲目崇拜科学方法的人常常从他们的数据中排除主观性，因为它不是‘科学的’。至于我，我就不相信，任何排除主观事物的对人的研究能够真的是科学，充其量只能叫做一种不完全的科学。我相信科学必须包括一切经验数据在内。当生命问题成为主要论题时，主观性的数据一定会显得非常重要。”加州的一位心理学家严厉的言辞说了这段话以投合我的胃口，但这些话还是有意义的。他说，“行为主义者们已经向我说明了神经官能症的真实本质，但他不是根据他所教的内容，而是根据他们如何重新说明人的方法来讲的。其目的是当我们把科学的工具转向研究人时，以避免采取过分狭窄的视角的危险。”我希望当我试图设计文化时，当我们努力改进教育并释放个人身上的这些潜能时，我们能有一门科学能审视广泛的数据和人的整体。

斯金纳：在我们休息之前，我只想发表一点意见。我相信，我不会把任何问题排除在我的考虑之外。我认为我已几次承认过个体内部的活动，与这些个人有特别密切的联系。我承认我有感情等等。我承认它们在生活中的重要性。作为一个科学工作者，我要提出这样一个问题，内在活动是否是先于并决定我的行动的某种东西，或者，是否是对我自己行为的事后评论——或者可能是事先评论，如果我现在实际评论的就是将来应对我的行为负责的条件的话。

我认为我们到此正达成两个相当令人满意的条件。我们已经辨明某些基本不同之点。另一方面，我已从这一点中受益良多。你觉得在我的开场白中，我不是在对你说话，你问我是对谁说话。据我看来，你和我应该能够更好地分析言语行为。我认为，你对言语接触的性质比任何其他人都更感兴趣。关于这一点，我已写了一本书，我对这一点也一直是感兴趣的。我相信，在思想的往来沟通上，在交流意见和态度上，我不会比你做得更多。这些都不是谈论言语行为的有效方法。我到这里来不是要告诉你一般交流意义上的某件事或者被人告知那种意义的某件事情。我来到这里是为了参与一定数量的言语行为，如同我可能来到这里踢足球或者什么类似的活动，但是我希望离开这里时思想有所改变，我认为我有所改变，虽然我可能不知道改变了多大程度。有一个讲述格特鲁德·斯泰茵

(Gertrude Stein) 的故事与这里有关。格特鲁德·斯泰茵和她的同伴艾丽斯·B·托克拉斯 (Alice B. Toklas) 一天晚上正在和罗伯特·哈钦斯 (Robert Hutchins) 共进晚餐，当时他是芝加哥 (Chicago) 大学的校长，莫蒂默·阿德勒 (Mortimer Adler) 以及其他知识名流都在场。当时有过一场生动热烈的讨论。当傍晚即将结束时，艾丽斯·托克拉斯走到莫替默·阿德勒面前说，"格特鲁德·斯泰茵今晚在这里讲的内容，要花她几个月的时间才能理解得了。"我期待在这次讨论会后能享有一月非常愉快的时光。

罗杰斯： 休息一会儿。

主持人： 在下面这一小时，我希望有助于解决你们所面对的某些问题。前半小时，我们将讨论小组会议处理交来的某些书面提问。从几百个问题中，我们综合出 20 个左右的问题。从这 20 个问题中，我们设法选出了 10 个，(罗杰斯发笑) 我们希望解决 5 个以上吧。我来报问题。斯金纳博士和罗杰斯博士已经各有一份目录。问题是向谁提出的，就请谁回答。如果另一位想要回答，他也可以回答。第一个问题是向罗杰斯博士提出的：自由的主观感觉足以证明自由是真实的吗？以及人不易受制于遗传和环境条件吗？

罗杰斯： 我认为，这表明对我提出的观点有所误解，因为，如我已经说过的，从外部的、科学的、客观的角度看，人受到遗传和文化因素的决定性影响；在这一点上，我和斯金纳博士的观点完全一致。但我也曾说过，从完全不同的一个方面来看，诸如自由和选择这类东西又是非常真实的。我要提醒你回忆起我举过的，维克多·弗兰克尔 (Victor Frankl) 在集中营的例子。试图去告诉他，他觉得仍属于他的选择自由是完全不真实的，那该是会令人关注的。但他知道那是真实的，因为他看到了不行使自由选择权利的人们和认为自己真正被完全控制住的人们，像苍蝇般地死去了。而获得最好机会生存下来的人正是那些持有"我是人、我选择"思想的人。所以，对我来说，这是一个完全不同的范畴，不可能容易地和决定论的观点调和一致。我把它看作和物理学中的情况相类似，在物理学中，你能证明光的波动说，和微粒说一样，是有证据支持的，虽然它们两者看来似乎是矛盾的。在目前的知识状态下，它们是不可协调的，但是，人会缩小他对物理学否定这或否定那的看法。正是在这相同的意义上，我把这两个范畴都看做是真实的，虽然它们存在于似是而非的矛盾关系之中。

主持人：斯金纳博士，你有要回答的吗？

斯金纳：有的。世界上有些地区，那里人们的这种自我意识，或者说个人的价值观念，非常薄弱，来自不同文化的我们，要想和他们交往，以及要想理解所涉及的种种关系，或者说，要想了解他们为什么不为自身的利益而更积极地活动，是很困难的。我并不把这原因追究到遗传差异上去，或者把它视作与有机体的基本结构有关。当你企图推翻统治者的暴虐统治时，你的力量很可能在人民自己身上才能找到。现在，民主的文献已经提供了一种历史资料，表明了个人已经得到保证，他就是权力的最终来源；他自己就能挺身而起反抗想要控制他的人；他能通过和其他有类似倾向的人组织起来，而成为一种强有力的力量，并且在某种意义上，他能统治他自己。至少他能够同意被某个以符合他利益的方式进行统治的人所统治。好吧，如我所见，这就是一种发现，一种民主理论的发现。但我并不是指希腊或罗马的民主，那是精英人物的民主。这种发现是普通人的重要性的发现。它说明了这样一个事实，即普通人可能转变成能够采取政治的，有时是革命的或军事的行动，并推翻其他类型控制的人。在我们自己的文化中就有这样的人。我们教我们的儿童知道，他们自己就是最后的裁决标准，生活是为他们而设计的。如果他们得不到他们之所要，他们就可以对此采取某种行动。

这种情况似乎也软弱无力地传播到了集中营和战俘营。有证据表明，民主的生活方式正受到破坏。我们的文化并没有使它得到很好的传播。我认为，原因是它与有关个人自由和首创精神的科学事实相冲突。我感兴趣的是，努力悟出一种生活哲学，它将对个人提供同样多的助益，而又不表现出自由和由内心起动的行为来。这些东西在实现他们的目的中曾起过作用，而我认为，现在已经过时。

主持人： 第二个问题主要是向斯金纳博士提出的：你说到过，在可观察到的行为和不那么易于观察到的行为方面，如个性特征之间，你更喜欢研究可观察行为。你认为对这些行为研究和测定，对于人的行为科学研究就够了吗？或者你仍感到必须沿着这抽象阶梯向上攀登，从某种角度，将可观察行为和诸如个性这类更广的概念联系起来呢？

斯金纳： 唔，我意识到把操作状况过分简化为实验状态了。所有早期的科学研究都是被过分简化的，因为，在你发展出能允许你处理简单关系的技术之前，你无从着手。然后，一旦你掌握了那些技术，你就能处理更为复杂的问题。当前，在操作条件作用领域，我们能处理复杂的样本或行为。我认为，我们能够和我们在会谈中一直讨论的某些要素，建立起合理的类比。然而，我要把我对鸽子和人之间的差别的评论保留到以后再谈。

个性问题不是它是否是一个要研究的领域，而是它是否是一个有用的概念。如果你说某一少年罪犯正遭受着个性失常的病苦，并要对失常的个性加以说明的话，你就是追溯到他个人早期的历史，恐怕还有遗传因素，甚至可能要追溯到他的文化条件。一旦你回到了那一点，你就能够用那些事实说明少年犯罪本身，而无须通过个性这一中间词语。据我看，个性是一种解释性虚构，它有时似乎可以提供谈论更广的行为模式的机会——比传统上根据行为本身处理的更大的行为集群——并可适用于我们知识现阶段的探索性目的。然而，对个性感兴趣的人最终还是必须回到表现个人的是什么上来。一旦这个问题得到有效的分析，你就会想出满意得多的，处理这些问题的供选择的办法来。有问题的行为应当和影响行为的各种条件联系起来考虑，而不要简单地把它叫做受问题支配的个性的表现。我看不到用这个词语有任何好处，除了由于它可让你以不太笨拙的方式谈论重要的争议而临时用一下外。

主持人： 罗杰斯博士，你要不要回答这个问题？

罗杰斯：我想简短地谈点意见。每当一个问题涉及科学程序时，斯金纳博士和我就发现我们俩的意见是一致的。从科学的角度看，使我们俩感兴趣的正是可观察行为。例如，在研究变化过程时，如在心理治疗中所发生的那样，我们一直花了大量时间去尽量挑选出那些能表明变化的可观察行为来加以研究。就理论来说，随着我们科学知识的成熟，越来越多的理论将是对大量观察所得的数据加以协调和整合，而不是构筑幻想。

主持人：下一个问题是向你们两位提出的：这只是关于自由意志对决定论的另一次哲学讨论吗？如果不是，差别何在呢？

斯金纳：这不只是另一次哲学讨论，因为我们两人关心的都是重要的实际后果。我关心达成一种个人的观念形成，一种我们所接受的，发现是有用的、庄重的和有价值的，而又与一种自然的或社会的人的行为科学协调一致的观念。这一议题必须从哲学讨论领域分离出来，予以谨慎对待的时候已经到来。如果（像在政治科学、文学评论以及处理人的行为的许多领域中那样）我们仍容许任性、个人的自发性变化等等的话，我们就要陷入麻烦。我们必须绘制出一幅受欢迎的、有价值的、不同类型的人的图像来。虽然决定论的议题已被提出，但我希望，我们在这里谈的会大大超过在集体宿舍，对这个话题的讨论。

罗杰斯：我当然同意，这看来不是就自由意志对决定论的一次哲学讨论。首先，我们两人都同意，从科学的视角看，人类的行为是受限制的，整个行为科学界都对研究那些因果先后顺序感兴趣。我曾尽力指出，我们的科学研究，范围应当广阔，除单纯外在行为外，还应包括对主观事物的关心和兴趣。我也曾指出，我们需要承认这个事实，即科学的看法并不是生活的全部，也不是生活的或人的全部哲学的充分基础。对我来说，那就是这次讨论已经关注的内容。

主持人：下一个问题更为实际，我想，主要是给罗杰斯博士的：中学辅导员既应用条件作用原理又使用罗杰斯心理疗法，能取得同样的预期效果吗？

罗杰斯：中学辅导员，或任何一位辅导员，有责任持续研究，在促进建设性个性变化上，什么因素是有效的。幸运的是，这个问题，从长远来看，将服从于以经验为根据的调查研究。直至目前，还没有几个调查研究是沿着这条思路进行的，我所听到的，没一个对中学生进行过调查研究。人们最早提到的是由两个人所做的一项研究。这两人，对某一机构的酗酒者，使用了三种不同的治疗法。一是学习理论型的方法（不是操作条件作用法，而是学习理论型的方法）；另一个为分析法；第三个是当事人中心型（client-centered type）的方法。根据测试，根据因酗酒复发而住院的次数等情况，经过客观研究而得出结论。这是我很感兴趣的一项研究，因为从事这项研究的小组是带有人为偏误来开始工作的——在这样的情况下，要避免某些人为偏误几乎是不可能的——他们的偏误是，认为学习理论法是最有助益的方法。事实上，这个方法暴露出的证据表明，它已对这些个人造成了某种程度的损害。如其结果表明的，该法是最无助益的。结果，最有效的一个方法是当事人中心法。然而，我并不把它当成一种最后结论，或者任何其他什么结论。那只是一项研究。我们需要进行许多研究，了解什么方法是促成建设性变化的实际有效的办法。

斯金纳：我一点也不感到惊讶，学习理论法会运作有误，因为我见过许多这种方法设计得如此糟糕，致使我无法认可。（罗杰斯发笑。）在我承认对这一特别事例确有顾虑之前，我要了解一些细节。

罗杰斯：如果那会使你不那么担心的话，这就是莫勒尔的学习理论，同时他确实担任过这方面的顾问，所以，对他而言，那就是在实际可行的条件之内。

斯金纳：哎，还是没有解去我的疑虑。这里的“咨询（Counseling）”一词使我迷惑不解。很显然，在这会议桌前，我并不是那个领域的专家，我也毫不乐于设想，操作性条件作用原理对于桌子这边的学生和桌子那边的辅导员的某些用途。我认为，辅导员能够在帮助人的强化领域中安全工作之前，还有大量的工作需要做。我得说那位对所谓学校体制的心理健康感兴趣的辅导员，最好不要把他的时间花在那张桌子跟前。确切地说，他应当调查了解，孩子们受到怎样的对待；他们的课程表是如何安排的；他们从学校学到了什么东西；由于他们的教师们的原因所引致的问题是什么，等等。在这个事例中，我会采取更具预防作用的治疗方法。我确信，罗杰斯博士，对于这一点，是和我一样感兴趣的。我不认为，这些问题一定要等到在咨询桌前的对质才能解决；当然也不一定要在咨询诊断台上才能解决。我发现富有成效和大有助益的那些原则应用于教育，和这教育体制的棘手设计的关系，比起和教育体制对各个学生的影响来，要密切得多。

主持人：下面这个问题是向两位共同提出的：据你们的观点，一种文化内的“行为准则”或“宗教”的作用是什么？

罗杰斯：我曾对人们实现自身价值的方法作过很多的思考。“行为法则”，在我今天上午想要描述的这种文化中，对我恐怕不是具有多大意义的一个词语。另一方面，我希望，这种似乎成为我们文化中心理成熟人们的特征的价值评估法，也将成为我想见其建成的那种文化中个人的特征。我没有把握能否对它作一简短描述，不过我将尽力而为。心理成熟的人，对其经验的各个方面，都是开放的。对外部的各个方面，他也是开放接受的：社会的要求，平稳或动荡的人际关系的可能性，法律要求，物质环境的要求等。他对情感反应，和存在于他自己体验中的个人意义，以及从他过去的学习中发展起来的个人价值，都不加掩饰并且很敏感。因此，每样新东西，每件新事情，都由他凭自己的体验，评定为或是有助于他的福利的，或者是无助于他的福利的。换句话说，我相信，世界上最敏感的价值评估法，就存在于心理成熟的人的内心里。当他忙碌于这种价值评估过程之中——和他的环境相互作用等之中——时，尽管他估价事物是根据这些事物是否有助于他的自我实现，这种估价也不是一种自私的价值评估。然而，这实质上是一种社会评估过程，只是由于人这动物的本性原来是高度社会性。所以，在我想要描述的这种文化中，我无意讨论行为法则，也无意讨论这个社会中的宗教。但是，我很关切的是，个人应该能够慎重地和公开地成为他们自己经历的评价者，成为他们自己所参与的事务的评价者。

斯金纳：我认为这个问题与文化习俗演化的整个议题有关。当一群人开始生活在一起时，他们就开始相互影响。比方说，一个强壮的人就可能，由于自己力气大，而去掠夺所有其他的人，但其他人们可以很快地，至少是利用革命时机，很快地通过组织起来，并宣称使用暴力是错误的，来予以反制。然后，或许有人变得更聪明，利用他的智慧去欺骗他人，甚至欺骗那个强壮的人。这就是兔兄弟欺骗狼兄弟和狐兄弟。狐兄弟也加入到骗子一边来。但这时，确凿无疑的是，说假话是错误的，欺骗是错误的。喏，我的意思并不是说，任何人坐下来就可得到那个结论，是确实无误的。你只要开始处罚那些使用暴力或欺骗他人的人。那就能一切继续下去，而无须编纂法律典籍。我确信，犹太人在十诫编辑成典之前就已遵行这些原则了。法律编纂的价值是，它可以阐明群体的行为惯例，使个人可能更易于遵循。这是一种具有教育内容的重要工作。

如果从文化技术转向物理技术，你就会明白这一点。早期的物理技术，如必须由艺人教给徒弟之类，常以规则、格言、或谚语的形式表述。例如，在中世纪，铁匠带进一个小伙子，来操作风箱，以使锻铁炉燃烧不熄，他就教给他一首小诗。这诗是这样的："高高拉起，低低放下，快拉起，慢放下，这就是鼓风的好办法。"诗里实际所包含的意思就是风箱的操作法。你必须掌握鼓风动作的全过程，高拉起，低放下。在向上拉起的过程中，没有任何反应，所以，这就是上拉快，下放慢的原因；不然，你会把火吹得四处飞溅。在你学会这首小诗后，你就成了一位熟练的鼓风手了。早期的科学定律很可能都是这种类型的：它们是有效行为的陈述，或者它们有效地指导着行为。毫不奇怪，伟大的法律编辑者们，伟大的立法者们，都享有高度荣誉。罗马人在法律的汇编中，发挥过重大作用。毫无疑问，他们在汇编这些法律之前，就已实行这些法律了。从法律的编辑中，可以有所获，即：你可以教授戒律来取代实践。当我们决定，我们必须只通过实践，而不通过戒律，来教授伦理和道德原则时，我们放弃了大量的工作。因为我们可以通过规律教授自然科学，我看不到有任何理由说明，我们不能也通过戒律教授伦理学。如果你能控制学生的动机，你就做到这一点。总的说来，这种转向实践，而不是求助于戒律，就是对学生动机的一种探索，而不是对有效教诲的追求。

那种道德规范和宗教之间的差别只是在隐含的或表露的制裁上的不同。如果你说，你这样行事，人们就会喜欢你，大家的情况就会好起来，那就是一种自然主义的宗教。它指的是那些使文化习俗具有价值的后果。另一方面，如果你说，戒律已由先知揭示并是上帝的话——如果制裁存在于另一个世界里，如果你遵守这戒律，你就会得到那一切奖励的象征，天堂的报偿。然而，如果你不遵守戒律，就会受到一切消极强化的象征，地狱的惩罚——这时，你就是活动在宗教领域。毫无疑问，这些都是有效的制裁，并可能继续这样下去。自然主义的研究认为，人不需那种超自然的制裁，完全可能有一种纯人文主义的伦理。我认为这仍是尚待论证的问题。依我看，法典编纂的所有问题就是一个文化发明的问题——一种文化设计——它说明群体施加于个人行为之上的那些控制力量。

罗杰斯： 我想谈点看法，与这类集会相关的麻烦，以及解决个人或群体之间争议的任何尝试的麻烦，也许就是我们没有遵循那风箱箴言。我们应该慢慢拉起，以便渐渐地吸收并真正理解别人说的话，但我们通常是拉起很快。我们应当慢慢放下，以便缜密地表达自己的思想，但通常发生的情况是我们放下得很快，唠叨一气。

斯金纳： 然而，我要指出，进入到火中的是冷空气。

罗杰斯： 好论点。

（在斯金纳回答有关儿童抚养问题的陈述快结束之时，又开始放录音。)

斯金纳:……赞同弗雷奇尔(Frazier)的陈述:家不是教养孩童的场所。

罗杰斯:这种促进成长和发展的心理氛围,不论我们是谈论治疗,还是学校,或家庭,都是相同的。在了解构成心理氛围的要素和态度上,我正取得确实的科学进展。这些要素和态度可促进最具建设性的个性和个人的发展。有证据表明,真诚的人,不怕根据他们实际体验的感情展示自己的人,比那些徒有外表假象的人,在人际关系中,更具建设性。个人受到奖励的环境——不论对我们谈到的是一个小孩,还是一个心理治疗当事人病人——都是很可能有利于成长发展的。当个人发现他的有意义的内心生活得到其他人的理解时,以及认识到他并不是生活在与人类存在相关联的隔离之中时,这对他的成长发展也是大有助益的。当涉及在抚养孩子中最有助益的限制因素时,我们常常根据孩子应当做的或不应当被允许做的来进行思考。我想尽可能多地了解到必要的行为限制是源自于感情交流。一位筋疲力尽的母亲夜晚对她的孩子说,"好吧,我想你近来没睡足过觉,今晚你就提前一小时睡吧,"她肯定会惹出麻烦来。因她不是在真诚地说话,所以她会遭到抗拒。如果她诚实地表露她的感受说,"今晚,我简直是太累了,你缠住我,我一分钟也受不了啦。你快去睡觉;我再也忍受不了啦!"那就势必会是更为健康得多的一种关系。那孩子去睡觉仍将是不愉快的,但那将是为了那个真正的理由去睡觉,同时,这能够作为他们之间关系的一种真实状况而存在。此外,他对母亲也有一种交互的影响。在她坦率表达了她的"我已受够了"的感受后,她会意识到她还有其他的感情,从而她可能较以往更温柔地将孩子抱上床去。所以我认为对孩子行为限制的最佳时机就是在孩子的感情和父母的感情真实接触的时候,并可能从此产生某种彼此可以长期接受的实际行为限制。在某些实例中,这一行为限制可能对一个人比另一个人更可接受，但从长远看，两人都会达成一种相互可以接受的真实的感情关系，并有助于人们生活在一种人的感情世界中。

主持人：现在我们已经来到我们提问时间的第二部分了。书面呈交的问题，我们不可能都一一回答。或许各位中有人愿意亲自来提问。有问题吗？好的，夫人……据我的理解，这问题是：在一个理想的社会里，我们减轻一切紧张，我们也就会减小产生天才的可能性吗？

斯金纳：我看这是向我提出的。弗洛伊德（Freud）也面对过同样的问题。在说明了天才的伟大作品实质上都是神经质的，之后，他提出了要治疗神经症，这似乎表明他有点反对天才或天才的作品。但是，他的回答，我认为是一种最好的回答，那就是人们都是反对他们可能正生活其中的任何一种背景的天才。在一个存在着许多神经症的世界里，其中一些实际上是值得尊敬的神经症，我们将它们称之为艺术行为或天才行为。但是，在一个人们过着更为井井有条或更为成功的生活的世界里，同样会有天才的作品，因为人有做出伟大事业的能力。然而，这些作品将有某种程度上的不同。它不会是以神经质倾向为基础的艺术，同时，如果不存在任何个人冲突，它就不可能是描述个人冲突的文学作品。这种情况的一个例子就在儿童的故事之中，在他们的故事中，消防员被塑造成英雄。如果你拥有可能被烧毁的建筑物，那么，有勇敢的消防队员就是非常重要的。但如果你发明了防火的建筑物并把一切不耐火的都拆除掉，那就不再需要任何消防人员了。这意味着在未来的世界里，我们在孩提时代喜欢读到的所有事物将不复存在，某些事物将再也找不到了。

就战争而言，情况在更为重要得多的程度上也是如此。在过去，战争曾是不可避免的；我希望在未来不会是这样。但是，我们已经学会通过把战士制造成英雄而享受战争的乐趣，同时世界文学作品的大部分也在描述英雄的战士们。然而，如果我们真的能实现一个和平的世界，同时那和平是那样地完美，致使我们甚至不能想象出一个战争的世界，那就不再存在对描述在战场上杀人英雄文学的兴趣了。比方说，陀思妥耶夫斯基（Dostoevsky）的作品，在一个没有人需要对某一虚构的罪恶，或什么类似的事物表示忏悔的世界里，将成为相对无意义的。就个人来说，我会对此勉强满意。我会为达成这样一个世界而牺牲陀思妥耶夫斯基的作品。我从未想象过人们的创造力，想象力会有些许的降低，或显示任何天才的减少，因为主题变换了。有这样的案例，人们在艺术上是很富有成效的，但并不存在排除神经症的问题。约翰·赛巴斯提安·巴赫（John Sebastian Bach）有19个孩子，我们能够从此得出他并无神经症的某种结论，可是，他又是禁不住要写音乐的，他即使在临终的床头也还在创作音乐。这是一种弗洛伊德学说的答案，而我自己也要采用这一解答。我确信存在着天才借以在人身上显示出来的种种行为活动。如果不是非讨论神经质话题不可，那就只说这么多好了。

罗杰斯： 我同意那最后一句话，但总的来说，对这个问题，我持些许不同的态度。在我今天上午想要简短讨论的这种文化中，我希望不曾给人以不存在任何紧张的印象。我仅提供了在谈到那位母亲和小孩时存在的那种紧张的一个很小的例子。在人际关系中，总是会存在紧张的。当我们在生活中面临新的和要求更高的工作时，我们大家都会存有紧张。而从那些紧张中——即在性质上并不使人丧失能力也并不具破坏性的紧张——从那些积极的紧张中，可能存有巨大的创造力和天才。

主持人： 这一部分听众有问题吗？……如我所理解的，这个问题是：我们也许未对正强化的力量给予适当的注意，而罗杰斯的自我实现的概念是否与这相关呢？斯金纳博士？

斯金纳： 我从来不认为正强化是在文化设计中唯一能够使

用的方法。我认为，它偶尔还是一种很重要的方法。但对人的活动的各种主要动力的全面分析，依我看似乎和人的行为的任何阶段都是相关联的。不过，我并非要说，我想根据我自己的想法重新解释罗杰斯博士的所为，去改进他的惯常做法。我确信罗杰斯和我两人都在把人类有机体作为是人类遗传过程所提供的来讨论，这样结果我们是成功的，我已经发现了这种有机体的重要特征。我想见到人实现其自身，充分扩展其潜能，而且我相信，当我们一旦见到那种情况，那将是一种非常令人吃惊的局面。

罗杰斯：我不知道我是否已充分弄明白了这一问题，从而对其进行有益的评论，但我要说强化肯定是一种积极的工具。然而，在发展个人潜能时，我们常常仅想到外在强化。人类有机体的天性就是如此，许多的事物被发现在其内部就是具有报偿性的。例如，我们没有必要去奖赏孩子的好奇和探索行为。因为，从有机体的角度看，那正是他得到的能使人满足的东西。那种情况也符合正向其潜能发展迈进的个人的若干生命活动。

主持人：如我对问题的理解：罗杰斯和斯金纳的这两组价值观也许是大致相同的，但特别是对斯金纳博士来说，他训练自己学生的方法是否不同于人们在心理治疗中所用的方法呢？

斯金纳：哦，我不知道我对训练我的学生的方法比养育我自己孩子们的方法有什么特别的满足感，因为我对教育环境没有太多的管理经验，虽然我正试图对此做更多的事情。我相信存在着某种称之为理性行为的东西，即通常在科学中可以被例证说明的东西，同时我认为，治疗中的病人的目的就是要理性地而不是非理性地去了解他周围的世界以及他自己的问题。罗杰斯博士也许认为，这里存在着与科学过程颇为不同的感情的或经验的成分，但就它有助于以一种理性的方式对世界作出反应这一点上来说，教育是一种预防性治疗，而不能用作问题发生后的治疗方法。我已经花了相当多的时间来分析迷信行为以及其他形式的非理性行为。科学的技术就是为了保护我们免于出现某些这类行为而设计的，从而它们是有益的文化实践。我认为，治疗专家在阐明那些曾有伤害作用的影响时，以及如现实情况那样，使个人陷入更为严格的环境控制之下时，也在做着某种相同的事情。

罗杰斯：我欢迎人们提醒我注意到，斯金纳博士根据其职业生涯中的体验所撰写，发表在《美国心理学家》杂志上，讨论科学过程的，鼓舞人心的文章。据我对该文的记忆，斯金纳博士在文章中，对作为过程的科学生活，作了非常生动的描述。这正是我曾一直试图要描写为“好的生活”的那类事物。由于他完全不知道打算从哪儿走出来，他不得不生活在过程之中，并让学识真实原本地显示出来，从而形成他新的行为。这使我感觉到有关斯金纳博士将此实现在其生活之中的大量情况……（斯金纳发笑。）在他本人的生活中，他重视出现的不可预测的过程。关于我想设计的那种文化，我曾一直试图要说的，以及在治疗成功时，我在治疗中所见到的那种结果，就是它导致了那种情况。个人生活成为一种不断前进的过程。在此过程中，没有设定的结果。不存在静止的目的。你甚至不知道你是否会幸福。你是在以天计算的基础上生活着，努力敞开心扉接受你的一切体验。该文的另一侧面是：努力开放接纳已经发生的事物的一切方面，以便从中学习。这是个人生活实质上就是科学态度生活的一个很好的例子。在这一点上，我们可能真正取得一致意见，因为，这种作为一种过程的生活的意义——但从存在的角度看，如果它是有意义的话，可能仅是活着的而已——在一切意义上都能理解和说得通。这比说“这儿就是我们应该走出来的地方，所以我们必须那样来计划它”的含意要丰富得多。

斯金纳：这可能是一个历史时刻。我认为我已经被那个论据所改变。我的文章的中心内容实际上是要批评由方法论学者、统计学者、实验设计人员来进行科学法则的编纂工作，这些人虽然通常很少具有科学的经验，但他们试图要告诉你科学家是如何工作的。我们以统计学的形式给年轻的心理学工作者们教授科学是一重大错误，因为这与现实的科学实践没什么关系。我不打算放弃任何东西，因为我对教授科学实践很感兴趣，同时，如果有精巧的计划，就能确保，比在当前的状况下，有更多的人将会是这段幸运历史的产物。我确信我已享有很大的幸运，这不仅使我走向有益的发展领域，而且使我继续遵循我已体验过的这种非常幸运的强化方式。这应该被视为在树立科学的献身精神中的一个非常重要的因素，而其中一些是可以事先筹划的。然而，我十分同意你不可能预见它将经历的所有过程的想法。我现在开始明白你用"becoming"（成为）一词的意思了。

罗杰斯：这对我是非常有意义的，因为我和你有同感。我也想讲授科学方法。我要再一次强调，这种职业活动，以及你在文章中所描写的对职业的科学生活的体验，都非常接近我在谈论转化过程中的人时所涉及的内容。在那一点上，我们发现彼此确有某种深层的类似性，是非常使人感到快意的。

主持人：我认为，在这一单元，我们还有时间讨论最后一个问题……据我理解，问题是：关于这些内在因素或变量，斯金纳博士已经指出，人们总是能够识别外因的。是什么使得人们不能得出这样的结论：人们能够以这些外因作为可能的始发原因而着手工作呢？

斯金纳：我认为，这个问题主要和科学实践有关。我同意，整个因果流是无限地循环往复，周而复始的，实际上，环境之所以此刻影响个人，等等，必有某种原因。我对于这些事情提出质疑，主要是由于他们心灵主义的、非物质介质的或物理事件的，历史含义，这完全不是一种有效的方法。如果你以为这些内在活动是可以看出来的，照这样，那么我就不能否认，如果小时候发生在我身上的某件事情，以及我不能和今天的同事坦然相处都是由于我曾经打我的兄弟或类似这样的事件，而受过的处罚所导致的焦虑，反映出已经延续在我身上的某种东西。50年前因兄弟相争所受处罚的某种影响仍继续存在于我身上，也继续存在于我在今天的集体中不能和比喻的兄弟坦然相待的性格之中。我对这些内在经验所持的异议——如果不是心灵主义的话——是它们没有适当传达50年前在我身上造成的改变，也没有通过预测50年前那个事件的结果，对现在在我身上产生的影响提供多大帮助。

假如你说，“在我达到不再打我的兄弟的年龄之前，我常因打他而受罚，但是，我总感到由于我处在要打他之际而焦虑不安。那是一种持续到现在的焦虑，它使得我不可能泰然地对待我今天的朋友们，”或者某种类似那样的情况。“焦虑”这个词在这里起什么作用呢？如果我因打人而受过处罚，则当我现在有打人倾向时，就会在我身上产生我称之为“焦虑”的生理变化。但是，“焦虑”一词并未准确地传递那一段受处罚的历史，因而，对我现在能做什么或不能做什么进行的预测，并不能提供详情。我并不询问在他里面的那个个人身上发生的事情，我也不问那个事实，即某一天——我想将是遥远的未来——神经病学家们和生理学家们将会告诉我们那是怎么一回事。我现在批评的是当前这些概念的纯言语使用，因为我认为他们通过使我们相信我们知道得比我们实际了解得更多，而给我们的论点造成损害，并给常常是所谓变量的事项赋以错误的特征。

罗杰斯：总的说来，在这一点上，我发现自己和斯金纳博士的看法是一致的。我们有过于利用内在经历之嫌，就好像我们具体翔实地了解它们一样。远期推论——即你要花很大工夫才能得到推导结论的场合——我从来就不感兴趣，同时我也不认为那是科学的一个言之有理的部分。一位和我们一道工作的博士后同事，一两年前，在“迈向主观经验科学”的总标题下写过几篇文章，指出在测定内在主观经历的客观线索方面已取得了进展。这将使我们更接近于能够对某些正在我们的行为中发挥着影响的内在意向和主观经验，进行客观的研究。问题在于研究它们时，我们能深入到何种程度？这种对努力获得有关经验种种主观方面的更多客观线索的兴趣是与对生活中主观事物重要性的强调有关联的，但绝不是相同的。这一点我早先已强调过了。

主持人：……现在先由斯金纳博士作总结性陈述。

斯金纳：我想讲讲计划这个问题，以及它是否会损害所计划的结果。重要的是要记住，一种文化——在任何时候的任何一种文化——就是一种行为实验。每个出生在今天美国的孩子都会受到非常强烈的一定文化习俗的影响。（我们还得）拥有一种能够促使美国生活遗传库中的大部分才智能力得以发展的教育体制。如果我们拥有种种伦理、宗教和道德的规范，能够使人们举止行动不感到有必要防卫攻击、忧患等的困扰，那美国就强大了。我们将继续扩展更好的行为实践，我们将为未来的行为规范作出非常重要的贡献。

现在，这些事物都在以一种类似生物进化方式发展，但又并非全然如此。在文化演变中，有人会想到某种文化的惯常做法：一种管理幼儿园孩子们的新方法；一种发放薪资的新办法。有上千种这类小的文化设计发明。其中一些因有助于群体力量的增强而延续下来。另一些则由于引起麻烦和困难而消失。我们就是这样通过整理汇编或其他方法取得进展的。我们建立了一整套的文化实施规程，这些文化的惯常做法，不管我们是否愿意，都将在生存的严峻考验中受到检验。一年前，我在俄罗斯待过，他们激励人民焕发行为活力的方法并未给我深刻的印象。他们的好生活的标准或者任何类似的东西也未给我留下什么印象。但是，我不认为我们就能躺在我们的桂冠之上而自以为是。

对于我们来说，审视我们自己的文化是很有必要的。即使你偶然想到了一种文化发明，它也可能是一种非常良好的行为实践。它是好还是不好与它的来源没什么关系。一个不十分聪明的人也可能想出一种更好的抚养他的孩子的方法，这种方法可能为其他的人们所仿效而成为一种被确认的长期的实践。来源并不重要，重要的是其继续存在的效果和影响。但在历史演化进程的某一时刻会出现某种新的事物，这就是科学作为一种处理自然的方式的发展，并最终应用于人类行为。当科学的技术得到很好发展并使之对人类行为产生影响时，我们就可以站一个较好的位置去清楚了解文化习俗与受该文化习俗影响的个人所产生的健全或懦弱行为之间的关系了。这时我们就能够以我们认为重要的预期效果为基础计划行为实践。这种计划的行为实践将与那种偶然想到的惯常做法对我们一样重要。它们也会以同样的方式继续保存下来或消失。因此，随着行为科学的发展，人类能够通过设计行为规范，而不是任其通过偶发事件而出现，来加速文化的演进。

在遗传进化中，情况也是如此。我们现在能够在某种程度上使种质发生改变。我们早就已经能够通过选择亲代改变遗传结构了。我们能够促成突变，并且在染色体内促成某种程度的特异改变等等也为时不远了。到那时，在作为生物学实体的有机体的进化中将会出现某种新的事物。在文化演变中已经有某种新的事物出现了。因此，我们能够使用智慧和科学方法改进我们的文化。

然而，这可能被理解为干预，即做某些关系到其他人的事，试图控制他人等。当然“控制”一词是具有确切含义的词语。我们大家都为了开发利用的目的而被控制。我们已受控于令人生厌而退避不及的手段之下。所以我们提出了一种与控制相反的，甚至与计划相对立的观点。我认为这是愚蠢的想法。如果我们硬要坚持人类文化不得进行规划，我们就会把一个极好的机遇拒之门外，而这个机遇一错过就不会再来了。约瑟夫·伍德·克鲁奇（Joseph Wood Krutch）因《沃尔登Ⅱ》描述的是一个被“计划”的世界，而对其进行猛烈的攻击。

让我来告诉给你以下情况。克鲁奇先生喜欢西南部地区，作为一位业余的博物学家，漫游于那遥远的边陲。请想象在漫游中，他来到一座平顶山，他爬上山顶，并发现一个印第安部落，他们生活在完全与《沃尔登Ⅱ》不相上下的环境下。他们的教育体制使他们为将来面对的生活做好准备。孩子们受到很好的照料，感到幸福，并富有创造力。他们有节俭的习俗，这使他们享有一种简朴而良好的生活。他们拥有衣食所需的一切。他们有艺术活动，音乐繁荣流行，等等。难道克鲁奇不会从那山上下来，向世界大声喊道，“我们是多么愚蠢的傻瓜！是的，正是这样！这里对我来说就是一种可接受的生活方式，因为它使生活在这里的人们能最大限度地发挥他们的潜能。”

但是另一方面，请想象有一位随他下山来的印第安人拍着他的肩膀说，“我只有一件事忘记告诉你啦。一位名叫斯金纳的印第安老人就是这样设计它的。”那势必把整个事情弄糟。那势必使其成为绝无价值的原因，不是由于了解到：它不是文化偶然演进的结果，而是因为它是由人想出来的产物。那位印第安老人早已怀有各种各样专横霸道的动机。即使他现在已经死亡，也许他还会始终控制人们。这些人将会过着他所计划的生活模式。现在如果我们愚蠢到让我们对以往的控制模式所作出的反应来妨碍我们在文化设计中自由运用科学的话，那么，我们将来就会全然承受我们咎由自取的结果。然而，其他的人们将不会那么愚蠢，他们才是将对未来世界作出贡献的人。

罗杰斯：斯金纳博士早先说过，以后我们会发现从这几星期和几个月的会议中学到了许多知识。我觉得这话很对。我发现要提出任何总结性的发言是困难的。我想说的是，我对斯金纳博士这个人，他的真诚、温文，他的智慧，他广阔的学术兴趣，以及他诚实地正视和应对行为科学带领我们的方向可能生的影响等，具有越来越深的敬重。我已从他身上，既在过去也在这些会议期间，深深地学到了许多。我已经感觉到并且要说，我认为，他就是行为心理学潮流中，对我们的社会以及我们的文化，具有深刻影响的那个人。我敬重他的工作。

诚然，在我们之间仍存有深刻的分歧——然而，我认为，肯定比这些讨论开始之前要少——但我怀疑，这些较深的分歧未必能由我们得以调和。它们将由你以及其他的人们来调解修好。我不知道斯金纳博士是否了解这一点，但是他以前的一位学生和我过去的一位学生，为了改善人际关系，正共同工作以开发一种程序教学。这件事，你知道吗？（斯金纳发笑。）因此，在所谓的第二代中，将会朝向修好并采取有意义的行动方面进行。

我也看到了我们之间意见一致的许多广阔空间，虽然我并不想将它们一一具体指出。其中一个事实是，斯金纳博士的许多讲话已经清楚说明了行为科学最终在我们的文化设计中具有重要作用。它将起何种作用？这个深刻的问题仍旧存在。从科学的视角来看，我们无疑对科学法则以及人类有一致的看法。根据这一看法，我们两人都把行为视为被决定的，从而我们两人也都看到了建立能导致预期效果的，同时实质上导致文化设计基础的可能性。

但是，在我们看待科学的方式上存有差异。如我所理解的，斯金纳把他自己，这个世界以及在他《沃尔登Ⅱ》中的个人，都看成是在一条预先设定的道路上，无法改变地行动着的自动化人物。作为一名科学家，我坚持这种观点为我工作中的一种有效的观点，但并不把它作为一种总的世界观。我觉得把它作为看待一切人的观点是不适当的。

我们之间最尖锐的分歧之一就是关于主观（或主观事物）的地位问题。这一点在我们的各次讨论中是十分明显的。对我来说，像“自由”（freedom）这样的词具有深刻的经验意义、真实性和重要性。我希望我已经简要说明了这一点，即当我们把个人自由和个人选择作为在一个被决定了的世界里的悖理性现实来对待时，我们采取了不同的走向，并对人类个体怀有一种与我们未持有那种观点时不同的尊重。我相信这就是我们的分歧所在，虽然我曾因听到斯金纳博士谈过的好几件事情而感到惊讶，同时我现在简直有点弄不明白，他究竟持什么样的立场。在昨天的某个时候，他满怀十足的信心说过，“我相信……”我对此是那样的震惊，以致我简直忘掉了他相信的是什么。他还提到过，如果我们要建立一种文化，就有必要选定我们希望建立的价值标准。接着，今天上午，他谈到了要制订出一个适当的基本原则。对我来说，基本原则就是经验的价值。这似乎与他曾说过的某些其他事情相矛盾。所以，我也就拿不准了。无论如何，他显然成功地享有并过着一种信念和自由发挥着影响和作用的主观生活。然而，据我看来，他对其他人的主观生活似乎只给予了次要的重视或根本不予重视，并在他的文化设计中未予非常认真的考虑。在这方面，我确有颇为不同的看法。

另一分歧是，我认为斯金纳博士把控制和影响混为一谈了。这两个概念依我看似乎是互不相关的。重要的是我们与之打交道的这个人是否具有参与性选择。如果我对斯金纳博士的理解是正确的，这就是次要的和不重要的了。关于这次会议，我所珍视的是你们——听众们，能对自己希望接受或想拒绝的东西自由地主观地作出选择。不仅对于这次会议，而且也对我要参与设计的任何一种文化，我所重视的事情之一就是它务必是富有这种传统的。人们将面临选择的困难和现实——接触不同的事实、观点、意见，等等——并不得不对这类有争议的问题采取立场作出决定。让人类潜能得到最大程度发挥的根本之一就是使选择的机会和选择的需要可以不断地获得和满足。

我们存有分歧的另一点——在这一点上，我又有点困惑——也许就是真诚的价值问题。我已开始感觉到，特别是在我的治疗工作中感觉到，人类关系中最重要的价值之一是真诚的品质，一个和别人进行真实而真诚接触的人的品质：一个个体此时此刻应是——尽可能完全地——他正体验着的感情的展现。在我可能设计的文化中，我期盼的是那些胸怀直率坦荡的领袖人物：他们将不会进行欺瞒；他们将是愿意向和他们一道共同工作的人们，表露他们的观点、态度和感情的人，这样个人之间在碰面时才会是真诚的，才会是以现存的内心真实为基础的。关于斯金纳博士的个人真诚，在我的内心不存有任何疑虑，然而，当他谈论到文化设计时，我又有所困惑，因为在那儿似乎——过分简化，同时还有点儿极端——似乎没有任何事物是“真实的”。即是说，由外因引发的行为都是另有目的的，并不是表现其自身。我认为他觉得一切人类关系，不论我们知道与否，都是一些操纵控制过程，真诚的品质并不具有重要意义。我能够理解这一点，但这与我的经验不相符合。

其次，我考虑到的另一差异是关于我们的控制意愿。这里又出现了控制和影响的区别问题。我希望能够，在和个人交往和与群体的交往中，建立能解放、释出和激发自发性的条件——建立能产生特定结果的先决条件。我在这方面的经验已大大地增强了我对人类个体在其自由时的基本特性的信心。所以我的整个目的将是提供释放和发展的条件，而不是主要着眼于控制。

有一件有助益、有希望但具讽刺意味的事，那就是对于一个认为“价值”、“选择”和“目的”这类词语在科学界中很少保有其普通意义的人来说，恰恰就不存在任何斯金纳博士已经引起并将继续激发的问题，即有关价值的选择和目的以及我们选定要走的方向的巨大争论。在这一意义上，我觉得我们实际上是站在同一边的，因为那也正是我想做的。这就是我看这次会议目的的立场。我们已经努力表明，我们关于教育，关于未来文化设计的各种观点，对于各种可能目的和各种价值的看法；而那些价值的选择即是我们大家在未来岁月里所要共同从事的工作。

6 迈克尔·波拉尼

迈克尔·波拉尼于1891年3月12日，出生于匈牙利布达佩斯的一个知识分子家庭，他的父亲是一名土木工程师。波拉尼在布达佩斯接受了教育，并于1915年获得布达佩斯大学医学博士学位。紧接着，1919年他又在柏林大学获得科学博士学位。他的妻子麦哥达·凯迷妮，是一位化学工程师，他们于1921年结婚，生养了两个儿子。

最初，波拉尼的职业生涯深深地植根于“硬”科学中。他曾在德国工业大学化学系任讲师，并于1923年成为柏林大学的副教授，同年被提升为柏林恺撒·威尔海默学院的正式成员。虽然在接下来的十年中，波拉尼不断做出富有创造性的、令人惊喜的业绩，但是他于1933年放弃了这一切。因为他反对希特勒日益变本加厉的控制，与此同时，他被邀请到英国曼彻斯特大学成为一名物理化学教授，直到1948年。这之后的十年中，他成为这所学院的社会科学教授。从1958年到1961年间，他又成为牛津大学曼顿学院的资深哲学研究员。

波拉尼的妻子曾说，他的事业转折点可以追溯到20世纪50年代早期，他被邀请到苏格兰阿伯丁大学做演讲，从那儿以后，他的兴趣和追求从“纯科学”研究转到了哲学的研究。1959年，当波拉尼接受了露易·珞贡德奖（Lecomte du Nouy Award）时，他说，经常有人问我为什么放弃化学工作而转到经济学、社会学和哲学等诸如此类的研究。答案很简单：“是出于一种回归正常的愿望。我们做一切事情始于对世界的兴趣，而且这是我们唯一真正的兴趣。”

六年后，波拉尼的著作《个人的知识：通向后批判哲学》（*Personal Knowledge*：*Towards a Post-Critical Philosophy*）出版（芝加哥大学出版社，1958年），这是波拉尼理论的综合表现，它的目的在于阐释个人作为知识的关键成分的重要性，正如他在前言中写到：

“这基本上是对科学知识的本质和公正性的一个调查，但是我对科学知识的再思考直接导致我想到了科学以外的一系列问题。

起初，我拒绝将科学进行分割的想法，在具体的各种科学中，这种错误的思路或许没有害处，因为它事实上没有被科学家所关注。但是我们会看到它正在对生物学、心理学和社会学发挥着破坏性影响，并且把科学的形象窜改得离科学主体更远。我想建立另一种具有普遍性的知识。”

波拉尼的代表性著作包括：《自主反应》（*Atomic Reactions*，1932）；《科学的责任和义务》（*The Rights and Duties of Science*，1939）；《科学·信仰·社会》（*Science*，*Faith and Society*，1946）；《科学中的美、高尚和现实》（*Beauty*，*Elgeance and Reality in Science*，1957）；《无言的空间》（*The Tacit Dimension*，1966）；《求知与做人》（*Knowing and Being*，1969）；《意义》（*Meaning*，1975）。

波拉尼被许多人尊奉为20世纪著名的科学哲学家，他的一生获得了许多荣誉，1976年2月辞世。他的成就是跨学科的，几乎从知识的每个分支都汲取了营养。

理查德·格尔威克（Richard Gelwick）曾写道：“不单是律师、神学家、哲学家、工程师、科学家会发现波拉尼工作的大块领域与他们的特殊学科任务有密切联系，就连政治理论家、社会学家、经济学家、心理学家，历史学家、艺术家、教育家都会有此同感。”

理查德·尼布尔（Richard Niebuhr）把波拉尼看做一名“道德哲学家”，他阐明了信仰在科学及社会中的作用。

波拉尼和罗杰斯两人相会于斯坦福大学，当时他们都在行为科学高级研究中心进行为期 9 个月的切磋（1962—1963），自此他们建立起友谊直至波拉尼去世。罗杰斯高度评价了波拉尼对推进、发展“人”的科学作出的贡献，认为他不仅强调了科学客观、认知的一面，而且突出了科学感性的另一方面。[①]

波拉尼和罗杰斯之间的对话发生在 1966 年 7 月圣迭戈州立大学，这次有实况录像的会晤是一个为期 5 天会议的一部分，会议的主题是“人和人的科学”，由威廉·库森和卡尔·罗杰斯组织，西方行为科学研究所主办。波拉尼、罗杰斯的对话和以下节选的讨论内容都选自库森和罗杰斯为会议合著的《人和人的科学》（*Man and the Science of Man*，1968）。

罗杰斯：当代的社会科学可能会为人们作出些贡献，但在一定意义上它却也对人产生了很大影响。以青少年研究为例，我们可以确信，一个生长于破碎家庭、贫困地区，曾遭父母抛弃的孩子很有可能走上犯罪的道路，这种思路就会把这个孩子当做一件物体来看待。同样，一个钢球放在山顶上，它会以一定的速度和一定的加速度滚下山来，我曾参加过这类实验，我感到这件事有一定的启发。联想那个男孩，我感到痛心：我们将那个孩子放任自流，将那个人放任自流。我认为，球会滚下山坡也许是必然的，但问题是那男孩是否就会成为少年犯，这不是必然的。除了各种外部环境因素以外，他主体中的某种因素也是重要的。这就是说，我以为，行为科学有把人“非人化”的倾向，使人更像机器人，而不是自主行为的个体。我不知道该如何解决这个尴尬的局面。我对您就科学对人们产生了什么样的影响的观点很感兴趣。

波拉尼：的确，这是个有趣的问题。我们不可能在这次谈话中

① 波拉尼自己也曾写道：“我在诚挚友谊与个人了解不深两种矛盾心理之间进行内心斗争。实际情况是，我喜欢卡尔·罗杰斯，但实际上对他多年卓有成果的工作，我却所知甚少。我喜欢他的性格，他对拓展现代心理探索领域作出了富有爱心和大有助益的贡献，但我实际上仅仅知道他的纯正思维和真情助人的一面。其中某些个别特殊的细节，我想我并不一定赞同，但这并不影响我对他这个人的欣赏。”（H. 克森鲍姆：《论卡尔·罗杰斯的形成》，Delacorte，1979）

把这个问题搞清楚，但至少我认为我能就此时此刻自己感触最深的，与此有关的内容及这个问题的严肃性来谈一谈。几小时前，我还在为一本书写序言，这本书是关于纪念匈牙利革命十周年的，当我试图去描述过去的事情时，我才意识到自己对这件事的真正起始点所知甚少。

我的问题是，“我们对这件事又是如何处理、对待的呢?”凭我的记忆，当时对这件事的记载就是“真理的革命。”但我不代表官方的声音，而且当时我也不在现场，所以这件事的准确性还有待查实。但我曾偶然看到一本两年前出版的期刊，非常有名，在首要位置刊登了美国学术界研究苏联问题的权威之一于 1950 年写的一篇文章：《四年前》。文章中说，苏联发生的事是支持真理的一场斗争，是为真理而战。但当他把手稿拿给他所在的那所大学的朋友看时，他们建议他放弃，理由是“这是一种幼稚的、不科学的看待事物的方式”。他接受了这些建议，但现在他说他后悔了。因为他认为这件事情，有些不同寻常。进一步解释了为什么对于苏联作家来说，讨论真理是正义的等问题，当然我们现在不会去调查它，这是一件很复杂的事情。

但是，事实上是在这 10 年中，以及其后的许多年，自由思想在苏联的幸存、维系，我们在大学里、广播、报纸里将这件事解释为工业结构的改变，事实上却是一个更为复杂的经济体系已经建立起来了，而这要求各种不同的价值观的并存。(**看看我们是如何应对这件事的吧!**)我们没有欢迎这些不同的价值观，相反却尽了最大努力来贬低它们，(**发生在苏联的**)这个解放事实上是对我们的观点的一个确认，而我们却还用同样的机械的语言来解释它，贬低他们所反对的。这就是我们的所作所为，一件很有代表性的事情。

罗杰斯：将苏联发生的事情与我们的文化联系起来，这个思路使我感到兴奋。我感到，在我们自己文化的内部深层次中，涌动着一股反抗之流。个体不安于把自己当做产品来看待，无论是心理力量，还是经济力量或文化力量的产品等。我认为，人们在以各种方式做出反抗，常常听到“我是作为一个人而存在的，我的确是不同的”。在一定意义上，我们没有把这种较新的观点与我们的科学观联系起来，协调起来。至少，在我看来是这样的。

波拉尼：是的。首先我必须声明，听了您一席话，我很高兴，因为这是第一次有人支持我的观点，认为苏联至少近十年来发生的巨大变化与这里正在发生的变化是类似的。对“人”的同样机械的概念理解，减弱了人类所担负的责任，并且没有为人担负责任留下任何空间，也没有为自主的思维能力留下任何空间，因而使人的整个行为都没有自由活动的空间。个体在这种机械的定义中也失去了他的位置。至于说科学，我还是认为我们必须首先有一个关于知识的一般意义上的概念，然后才是关于科学的概念。我想，现在最重要的是建立一种看问题的方法机制，这种方法不会导致人是原子的集合体，而是给我们一种直接接触到“人”的方法。当我们做到这一切时，我想我们就能够在很大程度上将其推之于其他事物的理解，推之于对历史的理解。

罗杰斯：我对您就科学和知识在更广泛的意义上的区别，印象深刻。这使我联想到自己的困惑。您知道，我是一个咨询师，治疗家，我的大部分生活都给了那些有个人的或心理上麻烦的人。的确，我觉得我对他们中的一些人是有帮助的，如果我问自己是什么在起作用，（我觉得）好像是那种亲密的、相互的心理上的人际关系，有点类似于布贝尔（Buber）描述的“您—我”关系。正是那样一种个人的关系体验，好像就是产生变化的原因。然而，当我试图在心理治疗上做些研究时，我发现，你可以研究言语行为变化的方式，你可以研究一个人自我感知的改变，你可以研究他的朋友对他的态度方式的改变，所有这些变化——你可以研究的都是外部线索，我认为，你永远不可能走进对方真正的体验，而正是这个引起了变化。现在，我把自己所想与您刚才谈的联系起来，我觉得一定存在一部分知识不能成为科学的一部分。我不知道是否如此。

波拉尼：是的，我也想到了这类问题。现在我要澄清，我知道这个观点是多么不同寻常，但是早在10年前我就表达过了。我在《科学》杂志上发表过一篇文章，那其实是一篇演讲稿，在那篇文章中，我建议我们应该把“科学的”这个词忘掉10年。如果能这样，我们会看到有那么多理解知识的可能，那么多领会观点、领会发现的可能。也许我们可以称之为洞察、敏感、再现、真实。对，是真实，这是描述事物的相当显见的方式。所以，让我们忘掉科学吧。这就是我的建议。我认为，“科学”本身是一种误导的描述事物方式。因而，当我们引进“科学”时，通常不是引进的科学，而是引进对科学本身的错误描述。没有什么比这更离谱，更无用。

罗杰斯：听您这样一位受过硬科学训练的人，说将“科学”这一术语置之一旁，的确是件很有趣的事情。

我觉得，我是以在某种程度上不同的一种方式，碰到了同样的问题。在我看来，我们必须扩大科学的概念，使其包括目前被人们排斥在外的各种各样的事物。比如，创造性直觉，通常它不被当做科学的一部分，然而在我来看，它们是真正科学的核心部分之一。我不知道哪条路更好：一种是试图将大量主观、直觉、现象学的东西包括到科学中来；另一种是像您所说的，保留“科学”这一术语，而将精力集中于更广阔范围上的知识。

波拉尼：我们还是不要说“这是科学”好吧，因为这无异于先给事物贴上个美好的标签，我们还是来描述一下它的价值、它的可信度，它（对人类社会）独特的洞察力等其他的方面。您刚才提到的例子，即被称为创造力的东西正是这个问题。因为它就是所谓的科学方式所不能解决的，解决不了的，因而科学理论就试图排除它。“这是心理学的、社会学的或某种不属于我们的，是不合逻辑的”，类似这样的借口不绝于耳，我想这一切都是曲解，是没必要的。

罗杰斯：不知道问您这样一个问题是否太大了：你的科学观？您是如何将科学看做是与知识这个大范围的概念相独立的呢？

波拉尼：我认为，科学有些不同的形式，正如您所了解的，像行为主义心理学这种科学形式，说严重点，是垮掉了的，在当前所谓的科学方法面前是靠边儿站的。这种观念是相当广泛的。我认为，在社会学中也有类似现象。社会学家声称，他们能描述，事实上是解释所有人类的活动，而不涉及对错之别。我觉得这是相当荒谬的，因为显而易见，社会学家们如果不去思考他们所想的是对还是错，是不可能解释他们自己的行为的。那么别人不也一样吗？难道他们所解释的那些人就跟他们不同吗？在这一点上，目前出现了新动向，就是近几年我出访美国时许多人在对错问题上有了很大的感触。因此，如果说没有对错之别的话，那仅仅是他们的声称。显而易见，这完全是对所发生的一切的亵渎。人们可以谈论对当前事件的描述、解释，比如说在开始所谈的苏联的事，这就是我们叙写历史方式的一部分。然而并不总是这样。在18世纪人们纂写历史，伟大的历史学家们那时相信，通过启发，的确存在某种东西导致了人类社会的进步、灾难、错误或愚昧……换句话说，人类是作为历史的代言人而存在的，而且在历史上是负有责任的代言人，对人类的进步和灾难同样负有责任。

罗杰斯：我很欣赏您引进了对错的观念。在我看来，好像很多行为科学主义者害怕这个观念。在行为科学领域需要建立一些关于如何应对人际间紧张关系的知识，这种紧张也存在于群体之间。作为行为科学家，我们有责任运用这些知识，为当前的种族、国家、民族紧张问题采取有效的行为。有时，我会勾画出一个跨学科的工程，其中减少心理紧张将成为主题，在这里你们将这个领域里最好的思想、知识聚集在一起，既合情理又有效地解决一些世界紧张。这跟您刚才所谈的重心有点不同，但在我来看，在这儿是适用的。科学家如果没有意识到他们所担负的道德、伦理责任，他们就不可能从事有社会价值的活动。

波拉尼：是的，他们的确是忽略了这个世界上那么多重要事情的本质。但在有些问题上，我跟您的认识不太一致，如首先观察社会紧张问题，然后从道德观的角度去解决它。我认为，像这样对紧张问题的研究只会导致中立，因为当你真正去解除紧张时会遇到很大困难。比如，你正在对付革命运动，或者说是反对希特勒的地下组织，那么你一定不赞成减少紧张，相反要加剧紧张。那么，这些术语就是中性的，他们已经带有误导的倾向和掩盖我们视线的倾向。大概从道德的角度坚持一致、一贯是很难的。我把困难看得相当大，我很担心再听到诸如："您有什么希望"之类的问题，我把困难看得很大。

罗杰斯： 我赞成您刚才提到的那一点，仅仅减少冲突本身并不必然成为所有情境中最行之有效的目标。我想，以我们所知的，有些技巧可以用来发展群体中的协调。现在，我就想到了一些更中立的或不太负责任的方式运用知识的途径。我猜想，您在此想提醒我的是，应该意识到无论一名科学家在从事什么，他首先会持一定的价值观。

波拉尼： 价值判断无所不在，但是人们却容易忽视它。当然，没必要时时刻刻承认它。而我刚开始时谈到的那些事，像形成对人、宇宙、生命的可靠认识、解释，首先就涉及价值判断的事。这是目前发人深省的事情，应该打破，然而很不容易。困难哪，在一些领域，这几乎是重建一种有悖于我们三百年的灿烂文明/进步的新文化的大事。

罗杰斯： 我一直认为，您的观念是相当进步的，但至于说现实性，我不敢妄言，因为若要真正去实现您刚才谈的问题，就意味着在思想观念上更加激进，这不仅涉及科学家们，还有支持科学的文化方面也如此。

波拉尼： 的确如此。但是我们是受思潮推动的，思潮变迁一直都在进行，我们可能提到过很多哲学家，他们在19世纪末发起的这些思潮运动现在很流行，如现象学运动。我想所有这一切是发生在哲学中的为改变走向而付出的巨大努力。

讨论节选

1. 是“科学”还是“知识”?

米勒密歇根大学心理健康研究中心的主任: 我最近看到一篇报道科学会议的文章，可谓一应俱全，甚至用插入语和叙体词标出了“笑声”、“掌声”等内容。问题也就出在这里，他们（作者）也感到很困惑，应不应该写出这些呢？因为大家熟知，科学仅仅是传递认知信息的，是那些多多少少可以写下来的信息。而“掌声”、“笑声”……我支持这样的观点：幽默、情感跟科学可能有些关系，但在科学的低层次水平上，如分子、原子、粒子等简单形式上，跟情感、幽默无关。而在像人类这样的复杂系统上，科学就必须要有除了认知符号以外的其他交流形式。你必须面对情感，以及诸如问候、面部表情等涉足爱、情感、观点的东西。而且不是以它们的原始状态出现，科学家应该找到你能够记录下来的符号，就像写舞蹈、写音乐。我想这才是科学应该作出的努力，然而不幸的是这一特殊领域被当前的科学规则排除在外了。

波拉尼: 是的，我很赞成。我想我们的科学观不应局限于努力实现明明白白的表述。我认为这一点很重要。要把事情变得明明白白，是会有很多局限的，这种单一的努力也会带来弊端。问题出在分析和综合上面，分析和综合是我们获取知识的最有效的方式，但是我们不知道被分离的东西是否可以综合到一起，如果我们认为只有可分析的才是有效的，就大大错误了，而且会导致大错。

罗杰斯: 我想接着米勒先生的谈，当然跟您（波拉尼）也有关系。关于人的科学中，我们正试图包括情感、爱。而且我们认为，以认知的、智力的术语来表达可能是最好的方式，而且这也是科学目前存在的全部意义，我禁不住产生这样的疑问：是否某一天会产生一种新的科学观：科学所交流的不仅仅是认知符号。一定会产生交流知识，获取知识的新方式：从而对整个关于科学除了是符号以外，什么都不是的默认提出挑战。

米勒：跟“科学”这个术语比起来，我更愿看到“知识”这样的词，或者“具有科学性”，因为我的科学观就是科学是体验的三个层次之一，另两个层次可以概括为美（艺术层面的）和好（价值道德层面的）。这三个层次可用来衡量生活中的一切，它们是各自独立的。恐怕一般我们都不会接受所谓“科学”这种特殊游戏的约束，我们更倾向于将所有的知识都包括在“科学”中。现存“科学”的目标应该是试图包括所有其他的交流方式（情感交流），用认知的术语来表示它们，使其能被理性地理解。这是一个很大的进步。但是艺术的目标是使人在艺术层次上体验同样的现象，而后也具备宗教的或者价值判断经历。我个人非常想将生活的这三个层次领域分开，因为我认为，自19世纪90年代理性主义时代开始以来，科学、科学的声誉/名气日益膨胀。

罗杰斯：大概我们更需要的是关于人的知识，不需要关于人的科学。

波拉尼：是的，我认为，“科学”这个词是没太大用的。当然，没人知道“科学”是什么，对于科学家而言，没有必要知道科学是什么，但是——

米勒：当有人问科学家“什么不是科学”时，他们肯定知道。

一名理论心理学家：你们所谈的好像带点反理性主义色彩，或许我没有听到要害，是不是在谈什么时髦的事情，我没有听说过的？

一位物理学家：我不理解当前的科学范式有什么错：有相当多的理解事实的方式，我们正在讨论的是“科学”这种方式。科学研究方式不涉及情感问题，无意识以及隐藏的动机、情绪等问题是没有道理的。但是以认知的方式展开的，你们各位想以艺术的方式、常规的方式来理解它们，可能这所有方式融合为一体才是最恰当的。科学是文化的一个成分，无论你如何去划定它的边界。在这一点，大家的认识是一致的。

罗杰斯：至少对于我来说，的确是想提出一个反理性的问题，这就是为什么我说我们更需要关于人的知识，而不是关于人的科学。既可以说我们从物理学中获得了很多知识，也可以说我们在物理学中犯了很多错误。物理学没有能力影响到个体的生活。而在人的科学中，人像物体一样被肢解。

这已经产生巨大的文化影响，而这些影响我看是不健康的。

物理学家：依我看，科学主义在这里是一种威胁，其本身就不那么科学。我不肯定，科学，如所判定的那样，使对人的研究失去人性，但我看到，由于形形色色伪科学和伪理性的活动，这种情况就发生在我们周围。其数量接近于——

理论心理学家：技术地处理操纵活动。

物理学家：不。有些是过分考虑到像治疗这样的处理问题，但那并不是卡尔·罗杰斯会为之兴奋的东西。另一些则属于不同的种类；我认为那就是你谈到的种种情况：过多地引进数学、逻辑和各种各样的训练方法，从而使资料混杂不清。人们想通过采用巨大的计算机程序——庞大得与需要不成比例的计算方程，以显示他们精明能干。现在，在所有的学科中，都有一个阶段，你必须使用一定数量的数学，你必须讲求一定程序的严谨和精确性，当然，这并非是不适当的。但是，在数据处理的值得花大量计算工夫的阶段而引用大量复杂的运算程式，往往要采用远非正在研究的科目的资料，如此把这种操作变成了巧取胜人一筹的手段——人们玩弄主题的一种技巧。当主题是人时，这种处理方式常常是一件坏事。盲目模仿其他学科，像物理学这样的学科，它不具有这类复杂的学科资料，容易分散人们对他们可能发现有趣的机会的注意，甚至转移开人们对与物理学毫无相似之处的人的研究中的简单科学原理的关注。

威兹德姆（伦敦大学哲学教授）：昨天和今天所进行的辩论，关于是知识还是科学不是没有依据的事情。知识或者称其为猜想，理论等有证据的就应称其为科学。这里我要借用您所谈的物理学来说明我的观点。我坚持物理学来作为例子，不是因为它遵从了数学，不是因为它遵从了实验，而且因为它有一套产生假设并验证假设的成熟的方法。很棒的！而且我深信在社会科学中，也可以这样做。你可以对群体，对人产生假设；你可以用观察的方法来检验它们。因而我认为科学就是检验设想的途径，并执行程序上所言的：第1页是假设；第2页是由来；第3页是实验/检验；第4页是总结。现在的问题是发现的过程从来没有出现在科学论文中，除了像您（指波拉尼）等少数几个人以外没有人知道内情，这是没有公开的。我们必须坚持科学，因为它是认证的唯一方式，您可能会通过任何一种方式得到关于人的知识——甚至是透过水晶体的观察，但是它还是要从属于科学认证的一般过程。

波拉尼：好，“一般”——“一般”这个词使我感到不确切。你看——据说很长时间以来没有其他的选择，没有什么可能与我们所知道的科学相媲美，但是我想有大量积累起来的知识，在提醒我们注意这样一种事实，即未经任何科学检验，人们也可以正确地获得关于生物学的几乎所有基础知识。只用半小时，我们就能认识在科学诞生之前就已经形成的基本观念。

2. 科学、真理及共社区

注：这场辩论开始于罗杰斯提出的这样一个问题，“当科学研究的对象是人自身时，我们对科学的理解是否需要补充、修正?”这个问题直接促成西方行为科学研究所在行为科学哲学上的研究课题，并提交给会议，很快又促成了关于科学与真理之间的关系以及科学的性质的讨论。

罗杰斯：在观察者也是被观察者的这样一种科学中，与以往有些什么不同或者可能有些什么不同呢？这样的科学中，内部经验是基本的，而我们在科学中有办法涉及吗？假定威兹德姆博士所谈的这种证实方式是科学的重要特征，我们还能否预见下一步呢？或者说关于人的科学会像物理学一样地持续下去吗？这是一个很模糊不清的问题，我没有好的解决办法。但至少我还想把它再次提出来作为一个热点讨论。好像我们讨论的跟那个问题有些牵连，但还没有直入主题。也许存在关于人的知识，而不是关于人的科学。大概这就是答案。但在一个极端重视科学的世界中，我还是愿意再提这个问题。

波拉尼：我也想问这个问题。除了知识和真理以外，我们还祈望什么呢？我的意思是，到底是什么区分了科学，使那么多人在锲而不舍地追求，为什么真理和知识就没有呢？这里就存在一种倾向性的问题，这是我所不赞成的。

罗杰斯：就像我昨天所谈的，我感觉自己对争论的双方都赞同。人们所认同的“知识”通常是不可检验的，不可重复的；事实上，这种价值观极大地依赖于人的成熟度。因为关于人的成熟度总是有很大的争议，这就意味着如果X提供了某种可以被归结为是关于人的知识，依然存在一个问题，即这对吗？

波拉尼：我指的不是那种经不起检验的知识。我仅指那种我们真正拥有的知识。为了引起我们的兴趣，它也必须以一种特殊的方式来获得（否则就没资格被认同）。而这正是令我们头痛的。

米勒：大概我们在这里所描述的各种各样的行为和现象都是经过分析的方法研究的，也可以说，是可操作性的。可能引起我们怀疑的是这些方法能否用于研究其他现象：如宗教信仰、爱、谦恭行为、诚实等。如果我们能找到那个区别两种研究的界线，大概这个问题就会取得进展。如果我们找到了那些适用实验研究典型的行为样本，就可以确定在什么条件下，对行为的分析研究是适用的，而在另外一些条件下就会有碍于我们所试图探寻的知识。

费尔采德（旧金山神学院心理学教授）：对，我不知道为什么科学要求可重复性。当然可以不是这样。有一些事件不具备可重复性，然而对于科学而言却是明确的、重要的。一个世纪以来，陨石的存在和发生是被法国科学院排斥在外的，那么在欧洲也就相应的发生了所有的陨石被从收集品中抛弃，人们认为它是无用的、带有欺骗的。当然，现在你也不能再造陨石，因为它是偶然事件。我想一块陨石正好掉在一位科学家头上时，他们才会改变看法，相信这一切。可重复性是必需的。然而真理不一定非要可重复，否则历史上所有伟大的研究就不是知识。当然不是这样。

克劳（西方行为科学研究所副主任）：我想从一个不同的角度来谈一谈。大家知道，是什么繁荣了科学或者是什么繁荣了知识，是由一些与哲学无关的因素，而是由一些与社会学知识有关的因素所决定的——是知识和科学的政治性。这里，我可能扯远了点，但这是显见的。

波拉尼：我真觉得这与主题无关。

罗杰斯：我也有同感。这与真理无关，那种比较会告诉你什么是科学中流行的，但是那与什么是正确的无关。

克劳：我讲的与什么是正确的确实无关。但却与什么是知识有关，与应该传授什么有关，与呈现什么样的资源有关。我想，作为人类的一种活动，它与科学有很密切的联系。我坚持这样认为。我期望看到的科学哲学观是将科学视为一种人类活动而在此基础上建立的一种哲学观。不幸的是在现在讨论的哲学和认识论中我们都没有包括这一点。

波拉尼：我不这样认为。我觉得这是一种逻辑错误。

克劳：我也认为是逻辑错误。这正是问题所在。您想用在逻辑上孤立它的办法来限制这个问题（的讨论）。我想这就将对于科学来说很重要的问题排除掉了。

波拉尼：关于是什么促成我们将某些事物看做是正确的、有意义的、有效的，是一个逻辑问题。而事实产生的环境不能决定它是否正确。

罗杰斯：我尊重克劳先生的想法，我也很想理解他的观点，但是我好像没有领会他的意思。（克劳）您在描述我们的文化中，是“科学”这一概念之下所隐含的意义吗？如果是这样，我同意。各种各样的事情都会影响我们所接受的内容。但是如果就想做这件事的话，您是不是也在否认追求真理的可能性？这大概就是我提问的最好的方式。您看，我不是在否定您，但是各种各样的因素，如经济上的顾虑、时尚等都会影响在一定时期内人们所相信的什么是科学，这当然是对的——

波拉尼：我觉得它没有影响——

克劳：那些因素对科学家未来的影响远远超过了科学哲学家所预言的。这大概是可能的；如果我们想讨论科学是什么，科学会变成什么，通过运用不同的策略它会如何繁荣、发展，它所面临的问题是什么，我想我们就需要认真思考社会学的——

库森（西方行为科学研究所研究员）：您所倡导的是社会科学，或者说就是政治学——政治的艺术。你如何在竞争中生存——

克劳：不，不是的，请不要把问题缩小。

费尔采德：我想，克劳所谈触及一个意义深远的问题。他的意思是，任何被称为真理的东西必须在一个圈子里证明它是有效的。除了精确的实验、精确的知识以外（我们说这些是真理），还有隐蔽的知识，也在影响，至少会促成我们关于什么构成了真理的信仰。

克劳：说对了一半，有效性；另一半就是罗杰斯先生所谈的“对经验要持开放的态度”，人们以开放的心态对待的经验在一定程度上由文化、社会因素所决定；是由社会化进程及他所处的文化所决定的。将科学家看做一块被擦拭得很干净的石板的观念在哲学意义上是站不住脚的；但是从现实的角度看，科学家是生活在一个群体/圈子里的个体人，他会追求什么，会思考什么，会选择什么不仅仅是由个人的标准所决定的。

波拉尼：这不是我所讨论的。现在问题是你是否认为科学所信奉的真理或者你所信奉的真理是由一个群体/圈子来决定的。我看不出来你是如何因为大家都说这样，你就说这样。这是个很好的讨论，但有一点，你不能以投票的方式来定义真理。也就是说，如果这里大多数人反对你，你会说，“我知道我错了。”我倒不敢奢望这个。

克劳：作为一个个体，你不会这样。但作为一个社会，因为社会是会被影响的，所以它也会被投票等这样类似的事情所左右。

波拉尼：对，但是他们可能是100%的错。

克劳：所以我觉得科学家的责任感意识淡漠了。如果我说我唯一的责任是在真理问题的描述上满足我自己，这是一个职业道德上的倒退。我觉得科学家应承担保证科学盛行的社会责任。

波拉尼：我坚持要说的是我们应有探寻真理的责任，下定决心去寻找它的责任。我认为您所关心的这件特殊的事情没有其他解决办法。

3. 科学能引导人得出关于人类的真理吗？

讨论现在从关于科学真理的思考及获得真理的方法，转向了另外一个问题：科学能否得出关于人的唯一真理性认识。罗杰斯向波拉尼提出以下问题发起了这场讨论。

罗杰斯：假设我们所感兴趣的最基本的内容是得到更多关于人的真理。那么，在获知更多真理的努力尝试中，科学到底起了什么作用呢？正如前面提到的，科学的局限又在哪里呢？

波拉尼：粗略地说，我们所谈的有些像“科学”，有些又不像——但是我觉得在“科学”与“不科学”之间画一条明显的界线，是错误的。一提“科学”，大家都有一个基本的、朴素的概念，但如果想把它更加精确化，就无意义了。

库森：您对这个词好像非常熟悉而又自如，以至于您都不必使用它，或者不会陷入将其用做一个有价值倾向的词；而我认为罗杰斯先生以及我们大部分人还是在把它当做一个有价值倾向的词在用，这反过来，又在提示我们什么是科学的？

波拉尼：是的。科学是那么的美好，如物理学等。因而我很理解有的人很向往科学。十年前，在《科学》这本杂志上，我曾建议，将“科学的”这个词排除出去，十年不用，因为我们能用很多有意义的、更加重要的词，如“再现”、“声响”等，有生命的词，我可以列出一大串。

而后，波拉尼继续阐发他的观点：“科学”一词的使用在理解上多么容易误导。他讲了哈佛学者的故事，这位学者曾写过东欧知识分子正在以真理的名义闹叛乱的事。同事曾劝阻他不要发表这些话，因为这是不科学的、幼稚的。波拉尼继续。

波拉尼：现在大学机构里，最权威观点的核心就是使用“科学的”这个标准来衡量什么能做什么不能做，这样做的后果是不堪设想的——因为这些人是在为真理而战，但却离真理越来越远。如果我们的文化就是这样的，那就很危险了。

亨利（巴黎天主教大学及圣迭戈加州大学，哲学教授）：我相当赞同波拉尼先生。你们看，我现在离开了在巴黎的研究。在那里，大家都认为，当你说“科学”一词时，是指那些可以被观察、描述、可以被概括为理论、法规的事物，而且毫不涉及观察主体。而当涉及观察主体时，就意味着这是另外一套真理了。而且意味着这个主体在试图摆脱所谓的“科学”。

米勒：我很愿意回答罗杰斯先生提出的这个问题。除了以上所谈的，我理解的“科学”，就是有一种科学的方式。这不同于发现真理或知识的其他方式。现在著名的科学家对于“这个方式是什么”有不同的认识。布里奇曼（P. W. Bridgman）就曾说过“任何一个你能获得一丝灵感的见鬼的方法，都会引你登堂入室”，这是他的原话。然而，我认为存在这样一种方式，比如，你想发现某事是真的，你就必须在一些情况下去证实它；如果不排斥随机性，你就不能下结论。像罗杰斯先生昨天所说的那样，在某些情况下，必须有所控制。在这些事上有很多争论，但（他们）都和方法的一般认识有关。所以我很尊重您，或者说是钦佩您将这样多的问题归并到方法的领域来讨论，但是我认为我们对于这是否是世界上最好的方法的争论是无能为力的。也许，您现在正在问这样一个问题，对这些非常重要的、非常敏感、非常主观的东西（的研究）可以产生一种方法吗？

罗杰斯：不错，我认为这场讨论有助于我思索得更深。在我看来，大家对“科学”这个词所做的一切理解都会导致简单化的倾向。那一天，我试图向波拉尼先生解释这一点。比如说，如果治疗的真正经历是一种热烈的、相互的人际关系，那么为了能科学地研究它，你所能做的一切就是从可能得到的行为线索中采摘一部分，去定量、去测量、去研究。除了直接去研究那种现象，你可以做一切你认为是重要的。我的问题就在于，虽然我为科学所取得的成就以及科学方法而自豪，但是当应用于对人的研究时，我非常反对这种简单化主义的倾向。事实上，大量的细微成分都与整体经验是不相符的。

赫尔（西方行为科学研究中心博士后）：我觉得，您是在经验治疗的过程中，从试图研究治疗的体验上得出这样一种简单化主义的感觉。只在某种程度上去测量自我概念、去评价某个部分当然是见木不见林的。

罗杰斯：这大概就是我的困惑：到底该如何以一种非简单化却又是科学的方式去研究经验呢？噢，我还是有点喜欢这个词——“科学的”。

霍赫曼（西方行为科学研究中心博士后）：我以为，您在将科学与简化主义观点区分开来。这是物理学长期以来的一种（发展）模式，是长达几个世纪以来，并且直到今天也是如此。但是我觉得，科学不能真正地与简单化的方法区别开，而且它仅是科学的研究方法之一。您说出了您作为一位科学家和一位治疗师所经历的艰难；而我就体会不到这种难处，因为我把您看做是一位治疗师，一位有（实践）效果的科学家。我是说，如果您以开放的态度来对待经验，如果您是一致的，如果试图去真正理解您所做的一切及这儿所发生的一切，您就是一位科学家了。

罗杰斯：照波拉尼先生的话说，我可能要添一个“知识”这样的词……

霍赫曼：……不是科学。

波拉尼：那不是我区分的；恐怕要算是您区分的。

罗杰斯：好了，这是一个很好的例子。一个人会从频繁的亲密人际接触中学得很多——

波拉尼：我要重复一点。我坚信这种探索的无价性，我认为，一个人获得了真理，他也有理由相信他是以某种方式获得了真理。但我不担心这是否是科学的。它对我并不重要。

7 格雷戈里·贝森

格雷戈里·贝森于 1904 年 5 月 9 日生于英国剑桥，由于父亲是遗传学的开拓者，他在充满科学气氛的环境中长大，并且在剑桥的圣约翰大学学习生物学及自然历史学，1925 年取得学士学位，1930 年取得人类学的硕士学位。

当他到新几内亚做田野调查的时候，他遇见了一位年轻的人类学家玛格丽特·梅得（Margaret Mead），并于 1936 年与其共结连理，这对夫妻携手合作共 10 年，在这 10 年中，从 1936 年到 1938 年两人共同进行了一个项目，即对巴里人拍摄 2.5 万张照片并做注释，其后出了一本书《巴里人的特质》(1942)，被视为人类学著作的经典。贝森与梅得于 1950 年离异，但终身维持着友谊关系。贝森后来又结了两次婚，一次是从 1951 年至 1958 年，另一次是从 1961 年至其生命的终结。

在 20 世纪 30 年代至 40 年代之间，贝森担任许多的职务：他是圣约翰大学的研究员，纽约现代艺术博物馆的照片分析员，哥伦比亚大学行政与政府的海军学院教授，第二次世界大战最后几年的美国政府政策服务部门的地区专家，以及哈佛大学人类学的访问学者。

从 1949 年到 1951 年，贝森将研究重心转至心理学及传播学上，任职于旧金山的晋格雷·波特诊所（Langley Porter Clinic）专门研究酗酒及精神分裂。其后的十年他又转至帕罗欧社区的退役军人管理医院担任人种学家的职务。他对精神分裂的发生，提出了一个所谓的“双面束缚”理论，对许多的心理从业人员以及后来家庭系统理论的研究，都有很大的影响。这个“双面束缚”理论认为在一个家庭中，父母传递爱与拒绝的不一致的反向信息，使孩子更容易患有精神分裂，这个理论对许多专业人士及后来家庭系统理论发展，都产生了很大的影响，贝森自己认为这个“双面束缚”的假设是他对理解精神分裂症最重要的一个贡献。他不仅仅被视为杰出的人种学家、生物学家及人类学家，而且也被推崇为将控制学与传播学应用在文化不稳定、精神分裂、学习理论、进化论及美学等方面问题的第一人。

在接下来的十年里，贝森在传播研究所任人种学的副主任；而后在夏威夷的海洋机构做研究室副主任，如果仅听这些职位名称，一点也无法了解贝森的工作状况。事实上，他促进了反精神病学运动，更加强了精神疾病不适用医疗模式的说法。他在沟通理论上有新的发现，尤其是在与海豚交流方面。他轻而易举地就在各种不同的自然与社会科学领域内找到连接点，尤其是在20世纪60年代及70年代大家非常关心的一些主题，例如生态学、物理学、精神学以及和平，而这些连接点常常使人惊讶，有时令人觉得神秘。他在“小而美”运动中很有影响力，他认为小的东西比大的东西对生态系统所造成的影响与干扰小得多。

他日后的著作包括：《沟通：精神病学的社会模型》（*Communication: The Social Matrix of Psychiatry*，1951，与Ruesch合著），《到达生态思维的步骤：人类学、精神病学、进化论及认识论的论文集》（*Steps To an Ecology of Mind: Collected Essays in Anthropology, Psychiatry, Evolution and Epistemology*，1972）以及《意志与自然：必要的合一》（*Mind and Nature: A Necessary Unity*，1979），在他死后，他的女儿玛丽亚·恺撒琳·贝森则将其一些未见成的手稿与自己的一些文章合起来，出了一本书叫做《天使们的害怕》（*Angels Fear*，1987）。

在20世纪六七十年代，贝森被视为太空时代的思维教父。在全国各地，在他的加州大学圣塔库司校区的教室内，有许多人，尤其是年轻人专门来听他有关社会与环境的演讲。虽然有时候他们迷失在贝森那复杂而细腻的言辞中，但是他们觉得，贝森为他们正在形成的价值体系打下了思想的基础。而贝森也以一个科学家、古典学家的身份，快乐地与这些理想主义者，甚至也有些反理性主义的年轻人交往。

贝森的众多学生中，其中有一名是年轻的加州州长杰瑞·布朗

(Jerry Brown)，在 1976 年，他任命贝森为加州商会的会长。如果说他在年轻人中的角色是将学术及历史的眼光带给他们，那么，我们可以说在董事会中，他则是想办法将浓厚的、形式主义的学院气息给摆脱掉。《新闻周刊》曾如此报道过：聪明而易怒的格雷戈里·贝森……带给大学生活的方方面面冲击——从学生的品质到董事们的能力。正如布朗州长所想要的，贝森对董事们发挥了“改革”的精神，并且希望董事们能将管理的注意力从财政的琐事上转到其他较为重要的方面上。

自 1978 年起，贝森成为加州厄斯林成长中心，一个强调“成长”机构的长驻学者。但在因癌症住院之后，他搬到了旧金山的禅院直至他死亡，他逝世于 1980 年 7 月 4 日。

贝森与罗杰斯的谈话，是发生在 1975 年 5 月 28 日加州贝特福尔特地区的玛运大学。这个会谈是由理查·法森（Richard Farson）主持，法森是罗杰斯多年的同事。

罗杰斯：我不太认识格雷戈里·贝森本人，但是我知道也很尊敬他的工作，我个人从来没有任何机会与他熟识，所以说今晚对我而言是一个试验，它或许很有可能会成为两个平行的独白；或许会成为理想与理念的相遇，无论我们是否同意彼此，这就是一种“对谈”；无论如何，我们都要拭目以待。我与你们一样的不确定。

不久之前，我与格雷戈里曾在塔克森参加同一个会议，我俩对今天的这个面对面的对谈会，大约有 10 分钟的商讨，我们都同意今天将从我俩共同感兴趣的话题——学习，开始进行交谈。他要求我先讲 10 分钟。我将利用这 10 分钟好好地把我所准备的都讲出来。

在我谈和学习与教育有关的政治话题之前，我最好先谈一谈我对哪一种学习有兴趣。我喜欢的“学习”，是一种称之为“有意义的学习”。这种学习是全人的，是深深投入感受与理性的那种。这种学习是自发的，它蕴涵了“发现”。这是一种“喔！这就是我一直想找到的”知觉的学习，换句话说，它有一种想发现“新”东西的渴望。对我而言，这种有意义的学习会造成一个人的知识、态度及行为的渗透性改变，它是一种学习者愿意的学习，这种学习对于学习者的存在方式、生活以及个人都有意义。我现在所说的这些，非常简洁，仅是对我所感兴趣的“学习”一个简要的说明。

那么，在我们的传统常态教育中，这种“学习”到底有多少呢？照我看来，不多，而且只是发生在偶然情况中。我甚至想，常态教育的政治环境是反对这种学习的，要保留，不可省略。我们都知道我这种“人际政治”指的是什么。在传统常态教育中，权力是从上到下，从学校监管人员到校长，再到老师，而后再施到学生身上，“控制”是从上而下，这也是学校的政治表达。知识的传递也是如此，教师们是“专家”，努力将知识传给学生们。由于这是一种“权力流”，学生们常常是活在害怕与焦虑中，控制的工具就是我们都知道的小考、大考、分数、批评，以及上大学，上研究所或是找工作时评语不佳的推荐信函。就是这些“工具”，使得学生们惶惑不安。在常态教育中的一个很重要的政治手腕就是“民主”的被忽视或轻视。“民主”一向是被推崇至高的美德，但却不在学校系统实践。在常态教育中，“全人”的概念是不存在的，存在的仅是理性、智力及想法。我想传统教育的哲学是一种壶与杯的理论，也就是说，教师是水壶，他将知识倒入杯子中，而此杯子就是学生。如此，在传统的教育中，这些被动的、焦虑的学生，是没有“感受”的存在，也没有机会成为“主动”的学习者。依我之见，只有在“意外”或“偶然”中，学生才能学他所想学的，或是学习任何对他生活有意义的东西，这种政治系统使“有意义的学习”成为不可能。

但是最近我越来越多地看到在传统教育中的一些其他我们可以称其为“人为中心”教育方法的出现，我对此改变感到欢欣鼓舞。在此，我要谈一谈现存教育中“以人为中心”方法的政治性以及它如何产生能“有意义的学习”。“以人为中心”的学习要有一先决条件，那就是需要有一个或被视为领导的一个人，这个领导人必须是一个有自信，而且相信别人有主动学习能力的人。如果这个先决条件具备了，其他事项就可进行实施了。如此，此领导人就可与学生、家长或其他成员开始承担学习过程的责任了。这种责任包括了课程的计划、行政管理的形式、经费筹措及政策的制定。于是，每个班级或许要制定其课程内容，而整个大团体就要负责订定政策。在任何情况下，责任都是共同承担的。另外一个特质，就是领导人要提供学习的资源，这些资源可来自于自己的所学、生活的经验，从书本以及其他渠道得到的材料，亦可来自于不同的团体经验。在他的资源之上，他会鼓励学习者加上自己的所学、自己的经验。总之，他将非本团体的经验之门打开，以方便学习者取得更多的学习资源。

"以人为中心"学习的另一个方面是学生自己做一个学习计划，独自做或是与他人合作皆可。在此计划中，他可以探索自己的兴趣所在，选择自己的学习方向，并且对自己的选择负责。在这样的情况下，提供一个促进学习的氛围是很重要的，这种促进的学习气氛的特点是真实、关爱以及理解的聆听，它应是充塞于班级中或是大团体内。这种气氛最初的制造者应该是那个被视为领导的人，而后就是那些所谓的学生了。这种气氛制造的特点与向他人的学习同等的重要。它主要的重点是培养后来的继续学习。至此，学习的内容反倒变成其次了。因此，一个课程的成功不在于他学到了什么，而在于他学习了如何学习他想知道的东西。以人为中心，学习方法的另一个特点，是学生学习自律，学习自己承担责任。而传统的教育体系培养的，则是"他律"。学生学习的评估不是来自外界，而是来自于自己，他的自我评估很可能会因为同学及领导人的关爱而更丰富。在这种促进成长的环境内，学习的速度会更快，内容更有深度，而学生的行为及生活的成长，比传统教育所带来的更全面。之所以会有这种结果，是因为学习者的方向是自定的，过程是自主的，其学习充满了热情与理性思考。我今天所说的都是有研究根据的，感谢过去12年内许多人在这方面的竭力研究。我们都知道当我提及的学习态度充盈在教室内时，全面性的学习就会继续下去。

好了，上述的意见足以对我的教育与学习概念有一个简单的了解了，格雷戈里？

贝森：我想我与卡尔在自然历史上有一个最大的不同点——怎么说呢？——我们是不同类的动物。至于哪一种较好，则另当别论，而且也非我兴趣所在。我倒有兴趣谈谈我们俩的不同点。你们知道，我是一个理论家，而卡尔却认为“做”才是关键。以我的了解，这两类人在这世界上都有用。我永远无法了解行动派的人，但我想，他们的确喜欢自己所做的，也能促进这个世界。但是，我是一个理论家，对卡尔所说的，是进行抽象模式的思考，并将意念系统之间联结起来。卡尔用开始的两分钟陈述了世间存在的善恶，并且知道善恶到底是什么，而五年之后他会用一些数据来证明他是对的。但是我却不太确定这种善与恶。我相信这世界上有善与恶，但它们到底是什么，我觉得是很困难得知的。

现在让我们开始谈一谈这个“有意义的学习”吧！当卡尔谈到法国的性别系统，昆虫的比较解剖学、英国各国王的顺序及当政日期等，我同意它们并不是属于有意义的学习，无论你知道也好或不知道也好，它们是既定的事实。但是，我们也必须知道当我们教一个人学习甲壳虫的身体结构的同时并非没有教他所谓的“有意义的学习”。无论卡尔喜欢或不喜欢这种“有意义的学习”，我认为无论我们教什么，总是伴随着一种“有意义的学习”。教学中所发挥的功能，并非是单纯的，这指的是，也许我在教甲壳虫身体结构时，我可能使任何一个人成为小的希特勒；或者借着教学的过程，我可以使任何一个人成为一个舞蹈家，或艺术家……甚至一个民主的公民。因此，我想今天我们要讨论的主题是——学习的规划，它与学习某个科目是不同的。当然不可避免的是我们总是会带出一些特质的暗示，类似于“你以为你住在什么世界中?”“你与老师之间的关系怎样?”这些问题都与我们讨论有关，如此，才会进入对“有意义学习”的理论性讨论。我想，在讨论这个主题的时候，一些更复杂的价值体系会出现，譬如哪些有意义的学习模式可以和其他的模式相结合？它们又如何结合？是什么样的生态系统——我如此的称呼它，今存在在这些不同的模式中？如此我们就会很快速地进行到一个很技术的层面上了。这几乎就不适合在这个炎热的晚上来讨论了。

现在我抛砖引玉邀请卡尔来谈一些话题，而后就顺其自然吧！

在沙漠和荒芜的地方，存在一个所谓的真实的行为改变，也叫做行为主义，又叫做斯金纳，它甚至被冠上其他不雅的名称。它们有许多地方是值得研究的，但麻烦开始了。当你发现在实验室内，只有一位特定的女士可以触碰这些放在斯金纳箱子内的鸽子时，问题就来了。任何研究生甚至博士生都被严格禁止碰这些鸽子，而只能做一些记录的工作，而这些鸽子在这位女士手中沉醉快乐的样子却不会记录在研究的结果中。爱，原来不应在此研究之中，而不巧的是，它正是影响此研究结果的许多不应发生的因素之一。是的，不仅仅是“学习”是我们需要的结果发生，而“爱”也影响了学习的发生。石墙不能使监狱造就，铁条也不能使笼子成就，但“爱”却能成就一切。

我一直使用的词是情境（context），上面所说的鸽子研究的实际情境是大于研究报告所提及的。我要提醒的是，卡尔所谈及的学习不再只局限于内容而指的是学习所要发生的情境。当人们在使用行为矫治的时候，他们讲的是刺激，讲的是反应，讲的是增强，他们不讲“关系”。但事实上，如果讲到“关系”，在不同的学习领域内，其“关系”的意思也许完全不同。

在任何一个人类的学习实验中都包含两个学习情境，一个是学习主体所看到的——老鼠、研究生或是其他事物。他必须学会当他听到刺激的声音时，意思是“专做所要求的事情以便得到一些强化物”，或是“避免被刺激到”。但是，在另一方面，研究的流程还包括了设计研究的人，他之所以做此研究，目的就是学习，当他说他的研究目的是了解老鼠等，事实上是一种曲解，任何学习研究都包含了两组研究内涵，一组是老师所看到的研究情境，如果他很优秀，那么他学得到东西；如果他不是，那么他也就学不到什么，而他学不到东西的本身，也是一种有意义的学习——我的意思是说如果他真的能明白自己没有学到什么，也是一种很有价值的学习！当然，这种体会与认知必须是经过很多的体验才会得到的。

现在让我们具体地来谈一谈学习的情境吧！它包含了人，是老师与学生相互交换的一种游戏，他们可以将学习设计成一种游戏，老师赢、学生赢的游戏，或是中立的，无输赢，但是“游戏”是此学习情境的一个具体表达的字句。有些学习情境有这种特性，但有的却没有，在这儿我们谈的学习就是游戏。“支配”是一个名词，“人性”亦是一个名词，如果我们仔细研究形容人性特点的字句，所有的都有学习的内涵，在特殊的学习内涵里有意义学习就会发生。现在我们看看一些关于人们的形容词：诚实的、欺骗的、有勇气的、胆小的、欺善怕恶的、消极的、攻击的，等等，任何形容词都有人们设计的学习内涵所在，以帮助那些我们认为适当的人来学习。这就是整个教育的意义——我想我与卡尔所要真正谈的是一样的——是一个巨大的、专门性的内涵结构的剖析以及它们如何互动与结合。它们是美丽的、丑陋的或是毁坏性的？它们或许是世界上最严酷的，或许是最高贵的事情。事实上，我更倾向于我们谈的应是美好的事物。是的，这是我俩要谈的——美好。我想我说的够多了。

主持人：现在我们将开始今晚的对谈。在来的路上，我曾问贝森：“如何知道我们今天晚上成就了我们应完成的工作？”贝森回答：“如果是我或卡尔说了我们以前从未说过的内容，这就算是成功。”他说：“当我们达到了某一契合，当听众一边听我们交谈，一边开始‘思考’时。”他又说：“有时我们需要 10 秒钟的安静来整理我们的思绪。”他接着说：“更好的是，有时我们可以要求自己及听众能静静地坐 3 分钟，以帮助大家调整节奏。”当然我们不会如此做，但我们会要求各位随着交谈的进行而调整自己的思绪，因为我们在此不是要辩论，也不是争执，而是希望在二者的思想上找到交流的共同点。我们需要你们的合作，现在我们要重新调整麦克风，以更方便他们坐在座位上发言。

罗杰斯：贝森，现在让我谈一谈我所谓的有意义学习的内涵吧。我的确同意你所说的有意义学习需要有一个学习内涵，我不仅想要实践它，在某种程度上而言，我甚至发展了一些理论，我们找到的内涵——对你而言或许不够大而且太局限——但我们以为它是一种富有成果的内涵。一部分，它是你所说的关爱的态度，一部分指的是人际互动间的真实，而另一部分则指的是愿意聆听学生的经验来代替知识的轰炸。从这方面而言，我是同意你对"内涵"的一些看法。依你之见恐怕你更喜欢将其放在较大的领域内，以更有哲学的思维来谈吧？

刚才你说你的兴趣是将一个观点在一个较大的体制内找一个定位，这种说法令我吃惊。我并不真正了解你是什么意思。但我注意到当你在谈行为改变时，你也有自己的价值，你也许不叫它们善与恶，但却不难看出你价值的定位是什么。（贝森笑了。）我希望你能对此回答，因为我们珍视的一件事就是不隐藏自己的价值，从你对行为主义的见解，我们可以了解你对它的强烈感受。如果在座的各位有人不理解你的感受，那么我们可说他们没有好好听你所说的。

贝森：是的，我承认你所说的是事实，但我要加上一些看法。一方面正如你所说的，它是一种感受，但它也是一种分析，那就是，我认为行为主义者画的是一幅不真实的画，或可以说其表达的视野是如此的狭窄，并不能适用在人类上。现在，从我的理性分析来看，我有兴趣知道的是怎会有任何人类是如此的愚笨。对我而言在任何文化中竟会有这么可笑的概念是奇怪的。但当我表达我较喜爱的价值的同时，我并不是要表示行为主义对人类普遍性的不好，我说它对人们不好是因为它是一张不真实的普洛克拉斯提斯床[1]，

---

① 希腊神话，任何人的长短要放在此床上量量，太长的要截去，太短的要拉长。——译注

迫使人们在其上被分割，我不知道有多少隐喻被混淆在其中，但我相信你知道我说的是什么意思。

罗杰斯：是的，我了解你什么意思。当然我——

贝森：它并不是纯价值，我想要说的是它同时是理性创造的价值。

罗杰斯：好的，对于你对行为改变的看法，我是再同意不过的了。事实上我可以给各位举一个例子，这是我在一所应用间歇性强化系统于精神分裂者的州立医院所看到的：我真的很想了解这间医院如何对待这些病人，当我看到一个病人进院他们的态度时，令我非常惊讶："喔！约翰，我有一星期没见你了"。他们是如此的关怀与欢迎这个病人，并在这种气氛中将病人带入他的治疗室内，在房间内他与那些机械做治疗活动。当他出来时，他说："这次，我差一点就完成了。"当然他是无法完成的，因为没有实施任何强化，但他却非常确信自己是在解决一个难题。但让我印象深刻的是，即使这些病人有进步的话，我们也分不清到底是机器的治疗效果还是包括他的工作人员的关爱态度。这可比你的老鼠例子更甚一步了。

贝森：是的，事实是：到底有没有任何改进？你感觉……

罗杰斯：事实上是有的，只要有强化物在时，但当强化物消失时，他们就又退化到紧张性精神分裂状态。就我的价值系统而言，这简直就是一个可怕的实验。

贝森：我也认为如此。

罗杰斯：我如果正确的话，你我之间真正的不同，在于你是根据分析的正确与否来提出你的感受。而我，虽然同意你的分析，但是我却认为无论你的分析正确与否，你的感受都是存在的。我觉得感受与理性思维的过程同等重要，这点却常常是一般学者所发生的错误，用专门的术语来讲，他们只重视想法而忽略感受，对这点不知道你有何反应？

（这一面的录音带结束，另一面开始。）

罗杰斯：在这儿我想澄清一点。

贝森：什么？

罗杰斯：有关感受，我不仅仅是谈荷尔蒙不同的分泌。

贝森：不，我想你不是。

罗杰斯：我谈的是存在的情绪上的个别意义。

贝森：是的，“意义”是相当唯心的一个字眼。

罗杰斯：我们内心都深深地为感受所包围着。

贝森：的确是，的确是，的确是。你看，我俩都同意“心智”是值得我们去感受的，而我并不是与你开玩笑呢！想想，我们生活于何处？当你坐在此听我这些冗辞话语时，假设我开始攻击你今天所理解的一切内容，例如你的看法，你那有趣的话语，任何你谈的主题、计划，你今晚来对谈的一切内容。我试图找出与你的联系，而你也做相同的努力，而狄克要想办法主持好这个会谈，使我们都充分发挥交谈，并一切进行顺利。这就像在跳舞一样，听众们投入之后，突然意识到自己已在舞台中翩翩起舞，这就是感受所在。就是这个，当你提供你的见解时，而发现这不是提问者所要的看法时，你的反应：“喔！”当你提出有趣的话题，而这时不需要它时；当你很严肃时，而感受到我在嘲笑你时，你的反应：“喔！”就是在这个时刻，你对你所说的不自在时，你就会有不舒服的感受。当这种感受变成轻松的时候，你就会有很愉快的感受，更甚者，就好像每个人的脸都有相衬的头发去配一样。所有的感受都是由内涵交织而成的。我称这种为感受。也许我的看法是不对的。

罗杰斯：对你所说的我无法直接的回答，因为我还必须对你的思考方式及所用的专有名词花时间来适应，但我尝试用另一种方式，从不同的角度来探讨，并希望你能回答，对我来说，对这个能自我毁灭的疯狂世界，一个人能提供的最大的希望就是全然的自我觉察——完完全全地意识到此时此刻自己内在的动态：生理上的、感受上的、思想上的以及外界世界对他的冲击，当他对整个系统，或者内涵——我不知道你我所言是否是同一方式——越觉察，他就越能在这个充满疯狂、欺骗、彼此摧毁的世界中有希望活出一个平衡的人性生活，我不知道我这种说法有没有与你的搭上线？

贝森：我想有的，我想要从另一个角度再来谈谈我的看法。首先，我们从斯金纳实验、巴甫洛夫的狗实验开始吧！让我们从学习内涵的另一端重新开始，因为它比较简洁，如果这些实验只是对老鼠的研究，那么，我们的教育系统事实上就是在解一个谜而已。但如果我们开始问：我们要如何储存我们的知识呢？如果学习是一种知识（信息）的得到方式的话——或许这种知识是有关甲壳虫的比较解剖，或是人类的爱与恨，你与宇宙的关系及了解你是什么？这些差距相当大的不同知识——如此，有意义的学习就发生在其所有主题的范围之内。由于它有许多不同的层次，那么你要如何去完成它？我们用所谓的耳朵、眼睛或其他的东西来捕捉它，之后呢？又将会发生什么呢？现在，让我们来看看卡尔·皮布润（Kanl Pritoram）及其他人的说法，他们认为我们不要太死脑筋地在充满了学习材料的地方去挖掘一点资料，意思是说“信息、知识”充塞于每个地方，知识每个地方都有一点的。

罗杰斯：一点什么？我没有了解，一点什么？

贝森：知识是什么地方都有一点的。

罗杰斯：嗯！

贝森：你知道渥润·麦克卡洛曲吗？

罗杰斯：知道一点点。

贝森：他前几天才过世，逝世时才70几岁，我想他的母亲还活着。有一天他在他家举行了一个有关“资料复得”的会议，我想你知道他是研究人工智能的专家。当时也在座的他的老祖母变得很没有耐心，离座去了厨房，麦克卡洛曲也跟了进去。他的祖母一边弄咖啡，一边生气地对麦克卡洛曲说：“这些年轻人。”她说：“他们不知道‘资料复得’是什么，我倒是知道一点，因为我知道人们很容易忘事，即使你在你放东西的地方做了记号，也无济于事。所以我们需要做的事，是在每个地方都放点东西。”（罗杰斯笑了。）

在餐厅放点编织的东西，在厨房放点香烟，在卧室放些火柴，也就是在每个地方都准备些这个那个。如此，你就会找得到东西，现在可好，我们有所谓的共振系统来完成这种要求，特别是一种固定波系统，通常是在神经网络或类似的情况下产生的。由于它整日是处在"共振"之中，任何一个接收到的信息就会影响到某一特殊位置；而此特殊地区却又会引起其他地区的反应，因为这整个构造是一个系统。因此，只要知道一个代号，你就可以得到在此系统内所有信息资料。

对我而言，在某一事件上的有意义学习，就是一种能存活于此世界的一种能力，也就是说，如此你就能举一反三，能从一个踏脚石踩上另一个，而各地方总是有这种踏脚石的。现在，对很多人而言这种说法是很真实的。在过去，对罗伯特·奥本海默（Robert Oppenheimer）是事实。当他在一个演讲场中跛着脚出场时，你会想说："我的天呀！他下一站是去哪里啊？"（贝森笑了。）而他，总是有其落脚处。我想，这与一个人的整体性有关。

罗杰斯：是的，我听到了你所说的，待会儿我还希望你能多发挥一些。现在，我倒想要对你最初的问题："你如何使'学习'成就？"做一个回应。从你所说的看法中，似乎学习的成就是无法发生的，因为它是一个多方面的过程，它不仅是脑的不同部分的作用，而且还带动了整个有机系统。

贝森：我使用的这个字"使学习成就"是不恰当。

罗杰斯：是的。

贝森：正确。

罗杰斯：我的意思其实要表达的是，学习是与整个人有关系的，但在教育上我们却对此观念理解的很少。我们或许知道一点点脑作用及神经细胞功能。但要像麦克卡洛曲的祖母所说的，那种整体的有价值的学习，不仅是知识的学习而且是自我认识的学习，如此，一个人可以是整个人的学以致用而非只是单纯的理智学习而已。这就是我一直强调的重点。但是我希望你能继续对"共振"系统多做探讨，不只是一个人的内在而且也要去看看外在环境对个人的影响。这是一个很有趣的想法。

贝森：我想，“理智”这个词须要好好研究一下。

罗杰斯：是的。

贝森：这个词我们可以从较专门的角度来研究。当我们学习较为“理智”的时候，当然，这是一种有意义的学习。纵然我们不太喜欢，这还是一种有意义的学习。但是学习了这“理智”的学习，又怎么样呢？每次我与学生在一起时，我就有这种体会，我会告诉他们：“注意，唯一能透过感观学习的知识，是那些不同的新奇事。”他们听完后会盯着我看。这个观点对他们对女朋友的认知、对政治的理解、对世界的想法毫不起作用，是没有意义的，因为所有的学习都是在教室里进行的。它带着这是“唯一”教育的标签。我想“理智”这个字如果要用在学习上，就必须放在一个被标示为“半渗透或无法渗透的盒子”内，如此从此盒内所学习的东西是无法带到任何地方去。否则我想此概念是很好的。

罗杰斯：**（咯咯地笑）**我想我俩唯一的不同是在于你是个老师，而我却相信学生本身是一个学习者，而这个其实是教育之所以会不同的关键。

贝森：你认为——

罗杰斯：从你所说的，我理解到当你想传授知识或任何信息给别人时，别人并不感激你，而且不了解如何用这些东西，因为对他们是没有什么意义可言。

贝森：我是为他们创造一个“发现”的条件，而我仍是一个很积极活跃的角色。我想这是事实，你有没有感觉——

罗杰斯：我从来是扮演一个积极的角色，而非被动的。但我是积极地、主动地将教室内的情况与条件带到一种学生可以自我选择学习的目标，并对自己的所学产生兴趣。在鼓励及推动下，学生发现学习的确可以在交女朋友上、在了解政治上、政府上以及其他事项上有帮助，这就是我的经验。

贝森：是的，在你我之间就一个教育者的身份而言，是存在着不同。我用“老师”这个词。

罗杰斯：是的。

贝森：但我认为我的角色似乎有些可笑。

罗杰斯：有些什么?

贝森：有些好笑。

罗杰斯：(笑) 我也是。

贝森：不，不太相同。你的看法是很被接纳的。我或者是要传播知识，或者是创造一个“发现”的环境，或者更实在地说是我自己想学习，但是我在这点上并没有全然的觉察。与你的批评正好相反。我的意图是想扮成一个小丑来达到我的目的。现在我想表达的是，并不因为如此，可笑的，就使事情轻浮而不严肃——

罗杰斯：我知道。

贝森：——我要严肃地说，但或许效果正好相反。在笑谑中含有真理。(罗杰斯笑。)

罗杰斯：我理解到你想在你的教室，(罗笑) 并不是要做一个小丑，只是要用困惑或给学生制造谜团来激励他们思考，这点我非常同意。但我俩仍有些不同，或许我们为学生设定了不同的目标，我有一种感觉，觉得你是有一个要学生达到的目标，而我则是希望学生开始自我学习的道路，也许这就是我俩的不同。

贝森：我想我俩对理智有不同程度的信赖。(两人都笑了。) 我的信心是在于，包括在今晚我们所谈的，以及其他的事情，一般而言都能够“想”得很深。人际关系，我则认为在平常的语言中人们所讲的对它有误导，讲不明白，所用的隐喻也不恰当。我认为，卡尔，你比我更愿意用这些熟悉的语言来讲话。而我却宁愿用玩笑、小丑或有时令人觉得无聊或是陈辞滥调的语言表达。

罗杰斯：你似乎比我讲的还多，这会使你——

贝森：是的，我讲的是很多。

罗杰斯：——比我更有机会呈现你所说的这些“陈辞”。(两人都笑了。）有一点我们是非常相近的：你分享了你的信心之所在，这点令我印象深刻。我在心理治疗的经验中，慢慢产生了对每个人的信任，对我而言，这是不可避免的，我想把它也运用在教育状态中。换句话说，你首先谈到了一个事实——一个我认为很有意义的类比——你可以用一种将学生们转变成希特勒们的方法来教他们昆虫解剖学。

贝森：是的。

罗杰斯：我非常同意。这是实情。

贝森：或成为艺术家们。

罗杰斯：是的，同时我感觉到……我不知道如何说明这观点……我要努力说明的是，或是想解决的是，这似乎是有一个危险，由于用在多数——要在多数的学生中开始学习的过程，如果是这样的话，如果他们想要学昆虫解剖学，那么就会有些学生用那些使他们成为希特勒的方法来学习，而大多数的同学恐怕不会吧，我讲得清楚明白吗？

贝森：我有个句子没听清楚，你说有个危险，而这个危险在哪儿，是哪个？

罗杰斯：我认为危险存在于有一个人会是一个“权威”，也就是指的是讲师。他会被视为一个有能力去塑造一个群体的人。是的，我视这个为危险，我承认有些人——

贝森：唔！嘿！我想它是危险的，我认为。

罗杰斯：有些人可以用了不起的方法塑造人，而有些人却用可怕的方法塑造人，另有些人用毁灭的方法来塑造人。我宁愿将我的信赖放在那些不在这儿的人身上，我说的有意义吗？

贝森：是的，很有意义。我对那些已被用过的塑造方法非常没有耐性。

罗杰斯：是的，我也是。（笑）

贝森：而有些尚未被用过的方法，实在应该采用：一些很简单的想法尚未被实施，而现在的教育系统却因为某些原因根本不提及。举个例子吧，数目与数量二者之间是有区别的。如果你弄不清它们的不同，就请上帝在你的来生帮助你吧！正如一个东西的“取名”及“名字”是不同的。这个在小学阶段就应该让孩子们学习并经验。假如我向绿野仙踪故事中的武士这个歌曲是什么，而武士说：“这歌曲的名字被叫做 Haddock 的眼睛。”而艾利斯（Alice）说：“这是个奇怪的名字。”“不”武士回答：“这不是这个歌曲的名字，而是这曲子被人叫的名字。”（罗杰斯先笑，而后贝森笑。）我不晓得在你的教育系统内，你在这个“有意义学习”的概念下，你如何来纠正这种错误——这首歌的名字叫做 Haddock 的眼睛。

罗杰斯：我想你对你自己比我对自己更有信心。

贝森：是的。

罗杰斯：……某些事情学生应该也必须知道，但我却没有十足的信心，我并不知道什么是他们应该知道的。但我却很清楚无论他们与我或是其他人在一起，在学习的过程中，他们总是会产生一些错误的想法。但如果他们在自己学习的过程中，这些错误会被改正过来，就像你我在学习中改正我们的错误一般。我们从生活的经验中调整，而不再需要专门请教老师们，而我——

贝森：我仍去找老师们。

罗杰斯：嗯？

贝森：我去找老师们。许多的他们是在书本中，但是……

罗杰斯：不，你并不去找老师们。在这点上我要对你提出挑战。（贝森笑了。）我想当你去找你父母或读一本书时，这和一般教学的情境是不同的。我实在不想在这点上与你争论，但是我仍然要强调的是教学是将知识传授下去的过程，与你所讲的学习却很不同，而且——

贝森：而且也与求学者的访谈不同。

罗杰斯：是的，它是不同于求学者的访谈。举个例子吧，有些时候我会在课堂上对学生说：“如果你们愿意的话，我可以讲课。”自愿做个演讲与被要求做个讲座是很不相同的经验。我是有所偏爱——

贝森：是的，我同意。

罗杰斯：我比较喜欢有人来求学问，而非自己主动去教什么。

贝森：我有些好奇，到底有多少学生是寻求者？

罗杰斯：我的看法是，在经验的基础上他们都是寻求者，但是这种寻求会渐渐地在我们的教育制度下给压抑掉。你看看那些四五岁的小孩子。他们难道不是追寻者吗？我认为是的。他们像海绵一样到处去吸收；他们学习去理解别人对他的感受；他们也尽情地去收集有关他的世界的信息。他们是一个充满热情的学习者。但是我想，这种学习的热情却被我们的教育系统所浇熄，话虽如此，但这种热情仍可以重新被唤醒。

贝森：很明显的，我同意你所说的一切。

罗杰斯：你很同意，但非显而易见的。(罗杰斯笑了。)

贝森：好吧，也许并非是那么明显，但是我的确同意你所说的，从对待大学生与研究生的角度而言，这是我一半问题的重心所在，但是更重要的是他们的追求之心被"浇熄"。我认为这包括了两个主要关键：一个是追求之心被浇熄——卡尔的用词，另一个是这些教育者为何不告诉学生们一些简单的东西？(贝森及卡尔二人都笑了。)这些事情早在他们年幼时就该告诉他们的，但是我想这些教育者没做，是因为他们太忙于浇熄学生们追求的热情吧！

罗杰斯：我想现在是观众们提问的时间了。

观众：我要问罗杰斯博士一个问题：对学生们的学习能力，我想二位都对自己的学生有很大的信心。但我现在要讲的是有关萨满教的传统，这种传统是帮助人们去再发掘自己的力量，请问罗杰斯博士你是否能够对人们渴望去学习的，或愿意为学习而受苦的心严肃地对待？你是否能够激发人们重新发掘内在力量？

罗杰斯：通常人们是可以被激发去学习的，有时被极度不好的老师激发。(贝森笑了。)这是实情，我认识的一些学生曾经去听过一个很烂的演讲，学生有些反应："我要证明这个家伙说得不对"。

至此，他们开始认真学习，为的是要证明那个演讲者说得不对。是有许多方法去激发人们主动的学习，我仅仅是陈述我自己喜欢的一些学习方法。

观众：对贝博士所说的有关可以将学生塑造成或是法西斯态度的人或是艺术家，我是有许难以接受，我不同意这个观点，至于罗杰斯刚才提到的由于教授荒谬的言论而促使学生学习的这个说法，我希望再听你多说一点。

贝森：是的，这个论点是有些棘手处，我想卡尔和我都会同意没有人天生就是一个法西斯主义者，他们必定是被“塑造”而成的。至于艺术家呢，我们或许有不同的看法，我想从反面来看，我们或许可以利用昆虫解剖学来阻止学生成为一个艺术家，因为我们可以使其受到挫折而阻碍他这方面的发展，但是不是可以将一个人塑造成艺术家则是另外一回事了，也许借着教授昆虫的时候，可以用爱来感化他使其成为艺术家，这也是可能的。

观众：我仍有一个问题要麻烦你，我听你说只要你愿意你可以使行为矫治的方法完全失效，现在，我不太清楚你是否说过你可以“塑造”法西斯主义的人的话，或许你并不是说你可以使任何一个人成为法西斯主义者。

贝森：对“任何一个人”我是有保留的，但我认为在我们的国家我们是可以有一个教育系统使许多人成为法西斯主义者的。

罗杰斯：是的，如果你用“榜样”的方式来做——

贝森：而我想事实上也有许多经验得到的证明——

罗杰斯：对不起，让我打断一下。如果一个老师做出了独裁者行为的榜样，就会有许多的学生也会模仿。而他们将来对其学生及其他人也会做出相似的行为。

观众：对的，非常谢谢你。

另一观众：今天晚上，我是带着一个期待来的，希望借着今晚的演讲，我可以在两位的个人及专业的层面上体验到二位丰富的人生。但我想我的期待是太过分了些。在此，如果可能的话，我想请二位就当我们是家人，而我们就是你们的孩子来与我们分享两件你们认为非常非常重要的一些事情好吗？

罗杰斯：我想年长的我就先讲吧。(贝森笑了。) 我不知道，说真的，我希望你能信任你内心最深处的自我 (Self)，我认为这世界的愚蠢与悲剧就是来自于人们对自己的害怕，不明白自己，也不能对自我，这深层次自我的信任，你要我们分享两件事，而这一件事的分享就是我竭尽所能的了。

贝森：我想从另一个方面来看，我希望你对我们今晚所提的许多问题都能自由地、投入地好好想一想，我不希望他们被用"陈腔滥调"或"大概、差不多"的概念给打发掉了。

主持人：现在我要问最后一个问题，事实上与前一位女士所问的问题是一体两面，我对你们二位倒是非常有兴趣，你们二位的作品所有在场的听众都受其启发与指引。现在请二位回忆一下，从你们现今的发展来看，从你们的职业生涯回溯，你们有没有一些遗憾或是令你很开心的事？你们有没有对自己所说的话有所怀疑？对你们所说的，假如今天你有机会可以取消或消除的话，你会这样做吗？你们有没有误导我们？如果有的话，你们现在要对我们说些什么呢？

贝森：我认为我第一篇《双面束缚》论文出版早了两三年。我觉得太具体了，有许多人浪费了许多时间去计算那些"双面束缚"，就好像我们想算出人间有多少个笑话一样——那是不可能的。但是这是一个过程，任何一个作品都要经过修改、增订……我们对任何过程是无法反悔的，或许我们对自己在某个时候过于偏于某一方面，这是可以有遗憾的。

罗杰斯：我对早期太执著于"记录会谈"，以为如此可以帮助我在治疗上的学习，这致使在出版的著作上太强调了"技术"的重要而误导了许多在辅导领域工作的人，这使我有些遗憾。

贝森：这有意思，我也有同感……

罗杰斯：回溯过去，我对一些我早就知道的事情，但却为了取信于人，或使别人对我有好印象而刻意说的话、写的作品及做的研究，我有些遗憾，它浪费了我的时间。至于让我高兴的事，我认为幸运的是，我的一生似乎是一个永无止境的兴奋，就拿现在我正在写的一本书来说吧，我不知道这本书是否会写得比其他书好，但是我却有很多兴奋的紧迫感来促使我写它，而对我而言，这就是生命过程中最宝贵的一部分。

主持人：现在，我感谢各位来参与的仁慈而善良的听众，我也要谢谢二位因为我们的缘故而参与此盛会的教授们，谢谢二位，晚安！

二人会后的往来书信：

编辑注：在这次交谈盛会结束之后，罗杰斯及贝森有短暂的书信往来，我们无法出版全部的，选择了能涵盖其主要内容的两则摘要，但对第二封信结束得如此突然，我们也颇感遗憾。

亲爱的格雷戈里：

上次在塔克森市（另一场合）你说“格雷戈里”一词只是存在于你内外的一个思想浮动网的交汇点。这个想法触动了我，虽然我并不完全认同，但是却能了解及尊敬这种想法。但是有一点我不很了解的是似乎你忽略了你，也就是你的感受、你个人的意义及其他一切与“想法”同样重要的一个联结。在我的看法，如果观念或想法存在而且有其作用的话，那么感受也应是如此。

对于上次我俩的交谈，我花了许多时间想，如果你是一个能冒险表达感受而且能意识到感受的话，我们的交谈会有一个什么样的开场。当狄克讲完了他辞藻华丽的介绍之后，我也会谈一谈我对教育的看法，然后你有下述的对话：“我现在感到非常热，而晚餐的食物在我胃内让我恶心，我对我们必须在大家面前展现我们的对谈，我很不高兴，而且我也因为无法表述自己相反的意见而觉得受到约束，如果你真的想要知道我到底在想什么或感受什么，说实话吧，卡尔讲的东西是他自己的谬论，谈的是一堆骗人的东西，对我而言他的误谬之处是——（我无法继续写下去，因为我不了解)”。

如果你奇迹式的用那样的开场白，表达你的思想以及感受，从我的观点来看，你会是一个“全人”。如果是这样，我们才会真正的相遇，而不是在交谈中失之交臂。

当然，为那次的对谈失败，我也应该负一部分责任，但是我并不真正的了解你当时对我的思想方式有多大的不同意见，因为你只是给了一点暗示而已，所以我觉得我俩只是打太极拳，从各方面来讲，我无法与你交心。

你不必回这封信，我仅是想要回复你的信，一封自由表达的信，使我觉得比我们在塔克森市或玛运相会交谈时都接近，或许有一天——谁知道呢？——我甚至能了解你，即使“你”不存在了。

温暖的

卡尔

亲爱的卡尔：

让我用自己的语言来尝试了解你所谓的“感受”吧！（事实上，我那天在台上与你交谈时就已试着这样做。)

1. 想法，有很多种（也就是指将那些选择的不同复杂事物分成不同的模式)，问题就是如何将它们分类。

2. 如我所了解，“感受”是包括在上述第1类的想法，诸如：痛苦的、丑陋的、喜悦的、有趣的、悲哀的等。

3. 你称“感受”也是“个人意义”，这个限制对我有些帮助，更能完善定义了。（如果那成立的话，就有“非个人意义”或“个人非意义”了。)

4. 但是“意义”与“个人”二者之间却产生了困难：

a. “意义”必须要有至少两个“想法”存在才行，如此我们可以说“A指的是B”。

b. “个人的”一词，其意义，你的理解和我的理解是有某些差异的。对我来说，“个人”就是存在于我内外的思想浮动网的交汇点；在你看来，“个人”，我想，就是包容在内心的一切。

（当我们面对非常正式的审美问题时，我建议我的“个人”定义是较适用的。而且别忘了另一个“个人”的用法是“面具”——是当对外在展现自己的时候所用。）

5. 去为“想法”“感受”及它们不是什么来定位，对你我而言是很奇怪的事，就好像我们在寻找“我大脚趾到底哪里痛了?”或是“幽灵的四肢哪儿有疼痛?”那么奇怪一样。我想我们俩应该可以认同我们的内在“个人”或“我”的想法、感受、意义及其他内在，所有都是无法定位的。

“个人”这个字是没有空间的概念。我认为柏克莱主教（Bishop Berkeley）说的“在我们心智内不存在的就不存在”的说法是正确的。

6. 现在我们来谈谈你在你“个人意义”内所暗示的友谊……

8 莱因霍尔德·尼布尔

莱因霍尔德·尼布尔（Reinhold Niebuhr），1892 年生于密苏里州芮特城。他认为他的父亲，一位牧师，是“城里最引人注目的男人”，并且踏着父亲的足迹，进入埃尔姆哈斯特学院学习两年后，又进入伊登神学院学习了三年，并分别于 1914 年和 1915 年在耶鲁大学获得神学学士学位和神学硕士学位。（尼布尔的弟弟和姐姐也相继成为知名的神学家。）

尼布尔是一位由北美福音总会（后成为基督联合教会的一部分）按立的牧师，1915 年到 1928 年间，他任底特律市的贝瑟尔福音教会牧师。在尼布尔的领导下，这个主要由汽车工人组成的团体，从 40 人增长到 800 多人。在底特律，现代工业主义所导致的人性丧失的后果，使尼布尔感到极度震惊。这使他成为劳工权利的一名坚强而极力的倡导者，美国中西部论坛和校园里的一位“长期坚定不移的宣讲者”和“激进的布道人”。当他 1928 年离开底特律到协和神学院工作时，《时代杂志》写道，底特律的工业家们“松了一口气”。1931 年，他与乌尔苏娜·柯培尔·开普——她也是一位知名的学者和神学家——结婚，他们的婚姻维持终生，并且育有两个孩子。

尼布尔在协和神学院一直担任基督教应用神学教授，直到 1960 年退休，在这期间，从 1955 年到 1960 年，他曾担任协和神学院的副院长；直到逝世，他一直是协和神学院的荣誉教授；算起来，他在协和神学院工作了 40 多年。在协和神学院，他讲授基督教伦理学、宗教哲学以及宗教在社会、政治、历史方面的应用等课程，并确立了他作为“自约拿单·爱德华兹以来美国土生土长的最伟大的新教神学家”

的地位。

曾把自己描述为“一个紧系神学的伦理学者”的尼布尔，在神学上却属保守派。一个评论家写道，“在当代思想中恢复基督教的原罪教义方面，尼布尔比其他任何神学家所做的工作都要多。”他批评了那些认为用世俗的方法能使人类获得拯救的人们的观点。他认为，所有世俗方案，无论它是马克思主义的还是科学的，都根源于一个错误的信念，即认为罪恶之根在人自身之外。他认为，完全同化于这种“社会信条”是一个巨大的错误，自由主义的新教是“乌托邦”。

就基督教与社会问题，尼布尔写有 40 多本书和 1000 多篇文章，其中包括《文明需要宗教吗?》(*Does Civilization Need Religion*? 1927)，《讲求道德的个人和不道德的社会：伦理学和政治学的一个研究》(*Moral Man and Immoral Society*: *A Study in Ethics and Politics*, 1932)、《基督教伦理的阐释》(*The Interpretation of Christian Ethics*, 1935)、他的两卷本的代表作《人的本性与命运》(*Nature and the Destiny of Man*, 1941, 1943)、《信仰与历史》(*Faith and History*, 1949)、《基督教、权力与政治》(*Christianity*, *Power and Politics*, 1950)、《基督教现实主义与政治问题》(*Christion Realism and Political Problems*, 1953) 和《人的本性与人类共同体》(*Man's Nature and His Communities*, 1965)。国内外大学授予他很多名誉学位。

具有讽刺意味的是，尽管在神学上尼布尔代表着基督教的保守派，但他却是他那个时代最有影响的政治自由主义者之一。放弃早年的社会主义与和平主义（1930 年他作为纽约社会党候选人竞选议员）思想后，他就一直在积极从事自由事业，这可由他曾经担任的职务作证：德国人自由之美洲朋友协会主席，纽约自由党副主席，美国人争取民主协会的创建者。他还从事安置战争难民的工作，并在世界基督教会联合会这个论坛上，热情地主张基督徒参与争取社会正义的各种活动。他还定期地为诸如《基督教世纪》(*Christian Century*)、《幸福》(*Commonweal*)、《新共和国》(*The New Republic*)、《民族》(*The Nation*) 之类的基督教和世界杂志撰文，通常多年担任其通讯编辑。

他保守的神学，解释了他的自由主义政治学，而不是与之矛盾。他写道："人追求正义的能力使民主成为可能，但人的非正义的倾向却使民主成为必要。"他一生致力于把基督教伦理学与实践的政治哲学结合在一起，并称这种结合为"基督教现实主义"；他"敏锐的智力，对相反观点的理解以及百科全书式的博识"使他获得了成功。一个评论家在描述尼布尔的思想风格时写道："他知识丰富，洞察深刻，在人面前展示出宏大的建筑般的逻辑结构"。他本人是一个讲起话来容易激动的人，身高超过六英尺，蓝眼睛，头发金黄。"尽管长着鹰钩鼻，脸色阴沉，但他却是快乐而和蔼的人，尽管在谈话中是一个爆炸性的人。"

尼布尔在民主、政治和时代问题上的观点虽然建立在神学的基础之上，但却吸引了一流的思想家、政治家和政论家们的注意。有人说："在西方世界没有一个新教神学家像尼布尔这样如此切近地谈论我们关心的问题。"另有人写道："没有神学家在美国被一般的学术团体和关心政治问题的民众更尊敬地倾听过……在使美国为负责地处理现实的世界力量作准备方面，他做的和任何其他思想家所做的一样多。"1960 年当他从协和神学院退休时，包括雅克·马里坦、T. S. 艾略特、阿诺尔德·汤因比和伊勒诺尔·罗赛维尔特在内的一个跨教派的团体出资建立一个以他的名字命名的教授讲座。1964 年，他被授予总统自由勋章。

晚年，严重的疾病使他减少了社会活动，但他的写作依然那样有活力和中肯。1971 年 6 月 1 日，尼布尔在马萨诸萨州布里奇托逝世，《时代》（*The Times*）杂志称他"可能是我们这个时代最著名和最有影响的美国神学家"。

卡尔·罗杰斯对尼布尔的《自我与历史之剧》（*The Self and the Dramas of History*）一书所作的书评，与伯拉德·洛马、瓦尔特·豪顿、汉斯·霍夫曼对该书评的回应和罗杰斯对这三位著名学者的结论性回应一起，发表在 1956 年的《牧灵心理学》（*Pastoral Psychology*）上。

评莱因霍尔德·尼布尔的《自我历史之剧》①

卡尔·罗杰斯

有人建议我读一读尼布尔的《自我与历史之剧》这本书并对之作一个评论，因为作为一个心理分析学家，我非常关心自我及其在我们的心理存在中的地位。但看过这本书后，我不想作一个通常的书评。

放下这本书时，我发现，给我最深刻印象的是尼布尔博士对他所知道的东西的那种令人可怕的自信。他确信自己知道圣托马斯·阿奎纳、奥古斯丁、黑格尔、弗洛伊德、马克思、杜威以及其他很多人的思想有什么错误，简直令人难以相信。他还知道共产主义、存在主义、心理学以及所有社会科学的错误是什么。在评论别人时他最喜欢用的词是“荒谬的”，但也使用“错误的”、“盲目的”、“天真的”、“空洞的”这些词。在我看来，在这本书中给以好的面目出现的个人只有希伯来的先知、（尼布尔所理解的）耶稣、温斯顿·丘吉尔以及尼布尔博士自己。

这一印象是如此强烈，它使我不能不推测，当他说“宗教特别能使有限的罪人声称自己拥有绝对的真理和美德”，或者当他说自我的罪就是“宣称有限的自我拥有太多的东西，宣称在自己的有限性里能够实现美德和智慧”时，在某种程度上说的可能正是他自己。我发现我自己被尼布尔博士教条式的陈述所激怒，准备用科学著作中的新材料来予以回击，并尽力在回击过程中保持一种开放的心态。

但我不希望因我不喜欢尼布尔的表达方式而使我或读者忽视了这本书所针对的主要问题。简单地说，尼布尔反复考虑这样一个事实：社会科学和心理科学倾向于认为，人是由自然原因决定的动物，而历史在本质上是一可预测的序列。他不喜欢这一倾向，并强调，人是一个自由的自我，是超自然的，而历史则是不可预测的事件，它源自戏剧性的选择。

---

① 载芝加哥神学院《大事记》，1956（1）。

我对尼布尔解决这一问题的努力深表同情，因为这一问题对我非常重要，我曾经提出几乎同样的问题请心理学家思考。[①] 我急切想从这本书中发现尼布尔对这个复杂而恼人的问题找到的解决方法。但我发现要找到他提出的解决方法是不容易的，因为作者对他自己反对什么远比对他自己主张什么要清楚。在我看来，他指出了几个他认为得考虑的方向。他希望把自我和历史这两者都从经验科学所理解的“自然结构”领域中转移出去。他下这个判断，乃是根据这样一个事实，即自我和历史两者都是自由与必然（决定论）的混合物，所以它们落在（经验）科学之外，（经验）科学试图发现有关自我或历史事件的经验规律，是“荒谬的”。对我来说，这几乎等于告诉自然科学家，要他们停止在人的内在本性或外在行为中寻找秩序；自然科学家们是否会注意这一建议，我是怀疑的。

贯穿于尼布尔博士的思想的另一条线索是，他倾向于把宇宙看作是由对立要素组成的张力系统。这样，在个人里就存在着创造与毁灭、理性与信仰、作为创造者的自我与作为被造者的自我以及自由与必然的冲突。尼布尔博士好像没有认识到这个二元论体系允许他解释太多的东西。一方面，他说“没有一个对过去行为的科学调查能作为预测未来行为的基础。”另一方面，在对历史的简单的（在我看来是武断的）分析里，他又说“德国的悲剧必须根据一系列复杂的历史因素来分析”，随后给出了各种地理的、社会的和文化的因素。在这一部分里，尽管他好像是从历史的原因出发来理解历史的后果，就像社会学家一样，但是没有人能够指责他前后不一致，因为他既相信自由又相信决定论，认为自我既是创造者又是被造物。由于没有明确地说个人拥有什么程度的自由，解释任何事件他都不会困惑，也就是显而易见的了：如果它不是被决定的，那么它出于人的超越性的自由，反之亦然。这是一个左右逢源的观点，但对我来说，它不是一个令人满意的观点。

---

① 载《美国心理学家》，1955（7），267～278页。

他思想的另一个方向是为圣经信仰辩护。因为圣经信仰把不能理性地理解的特定历史戏剧与个体自我实现的希望结合在一起，它就为尼布尔博士提供了那个最有力因而人们必须赞同的答案。我得承认，这个答案对我来说就不是那样。

作为一个心理学家，我对尼布尔博士关于自我的思想特别感兴趣。在他对自我与自身的对话的讨论中，我发现了许多我能够接受的东西。在与他人对话中涉及他的自我概念时，他既描述了人际关系中的种种渗和在可能性，也提到了一些限制性的神秘因素，如对方的"他异性（otherness)"往往就构成一种障碍，而这种障碍在某些最终情势下又必须予以接受。我发现他在这方面的洞察领悟及在许多方面与我的体念一致。自我对终极意义的追求这个观念对我来说也有相当的现实意义。

在论到个体自我的根本不足时，我发现我的经验与他的思想有着根本不同。他说得非常清楚，"原罪"就是自爱、虚伪、贪婪、追求自我实现。我读到这些词时就努力想象它们从中生长出来的经验。我用精神心理疗法治疗在亲密的人格关系中失调和处于麻烦中的个人，已经超过四分之一个世纪了。这已经不是一个团体或者完全代表整个共同体或者根本不代表整个共同体的问题了。并且，随着我对他们的了解，我发现，在大多数案例中，导致他们陷入困难的关键是，他们轻视自己，认为自己毫无价值、一点也不可爱。我承认，在一些案例中，这种情况被虚伪所掩盖，在几乎所有人中这种感受也是被某种表面的东西所掩盖。但我不能更进一步指出我的思想与认为自爱是根本的、普遍的"罪"这样一观念有什么不同。实际上，一个人只有体验到被爱［我相信，这是一种非常接近于神学家们所说的那种"博爱"（agape)］才会开始尊敬自己、接受自己，最后甚至喜欢自己。只有当他感到无论自己有什么错误自己还是可爱的、有价值的，他才会开始爱别人、对别人友善。这样他才能认识自己、重建自我，使自己的所有行为都为着实现一个他自己愿意成为的那个更加社会化的自我服务。我认为，如果从心理的最表面或最外部来评价个体的人，他们就会首先被认为是自爱的牺牲品。若从心理内在的一面理解人，自爱就根本不是人的病。至少在我看来是这样。

总之，读了尼布尔博士的这本书，我宁愿把自我看做是创造者，是自由的、自我决定的存在物。我希望我知道如何使我的这个愿望与我和其他科学家共有的另一个愿望——发现那个我认为存在于人类心理中的秩序——相协调。但我没有在尼布尔博士的这本书中找到答案。我希望其他不那么武断、但更多考虑这些复杂事实的书能更深入地向我介绍解决这个令人困惑问题的办法。

莱因霍尔德·尼布尔与卡尔·罗杰斯：伯拉德·洛马、瓦尔特·豪顿、汉斯·霍夫曼所做的一个讨论

伯拉德·M·洛马（芝加哥神学院宗教心理学教授）：在对尼布尔的《自我与历史的戏剧》一书所作的评论中，卡尔·罗杰斯对尼布尔的思想提出了两点批评（我列的顺序与罗杰斯提出它们的顺序相反）。第一，尼布尔认为人的原罪从根本上讲就是自爱或虚伪，而罗杰斯在他25年的心理治疗生涯中发现，他的患者大多数“轻视自己，认为自己没有价值、不可爱”。第二，尼布尔强调人既是自由的又是被决定的，但他没有把两方面协调起来。罗杰斯想一方面认为人是自由的和自我决定的，但作为科学家又想在人的心理中寻找他认为存在于其中的那种秩序，他想把二者统一起来。罗杰斯认为尼布尔对自由与被决定之间存在的张力的处理是不能令人满意的。我将依次讨论这两点批评，虽然对第二点批评的讨论相当简单。①

1. 在人的根本烦恼是什么这个问题上，尼布尔与罗杰斯明显地持不同的看法。讨论或判定这一分歧不是一件容易的事情，因为他们的世界观和思想焦点有巨大的差异。说明这个问题，需要再简

① 载《牧灵心理学》，1958（9），15～17页。

单提到他们两个人的话语背景。

就我所知，尼布尔相信原罪，而罗杰斯却没有类似的思想。相反，他从自己从事心理治疗的经验中得出了人本善的思想：因为在心理治疗关系（罗杰斯认为心理治疗关系是一种我—你关系，但尼布尔却认为它不是我—你关系）中，患者越能接受自己，他就越感受到他对自己和别人的理解和判断是可信的。通过治疗，他能更加客观地评价自己。患者自我接受的程度越高，他就越自由自决。通过治疗，他变得更能自我激励，变得更加自信。他越是公开在情感上接受自己的力量与弱点，他就越能自由而自愿地接受他们原本的那个样子。患者越是能自我接受，就越是能完全地用越来越好的动机和价值来指导自己。

尼布尔的原罪思想（这在他的《人的本性与命运》一书中得到了更充分的解释）突出人的自爱，即人倾向于否认神并使自己成为他自己存在的中心。对于尼布尔来说，人在自己的有限性中是被焦虑所占据的，焦虑是人的创造和拒绝接受自己的有限性的前提条件。如果信上帝，这一焦虑能被克服，但人却选择了不服从上帝和背叛上帝。不信上帝和背叛上帝，导致人以一种或更多的方式骄傲。骄傲即是自爱，即是人试图通过自己的力量超越自己偶然的存在形式而获得终极的意义。

的确，尼布尔把纵欲视为罪过，但重要的是他提到了纵欲是人拒绝信仰上帝的更深层的后果。尼布尔把罪看做是纵欲。但注意到纵欲是人拒绝信仰上帝的后果，却是重要的。纵欲是骄傲之后更明显的堕落。纵欲“首先是自爱的另一种也是最后的表现形式，其次是通过将另外一个东西神化来逃离自爱的一种努力，最后是遁入无意识（或无）来逃离无用的偶像崇拜”。

根据它们与现在正在讨论的问题的相关程度把这些论点排列起来，我们就可以说，尼布尔（基督教神学史如果不是在其大部分，也是在其相当长的时间里）认为人犯罪或堕落是因为他强大而不是因为他弱小。他的烦恼出于过度而非不及。从根本上说，人倾向于抬高自己。采取这一立场，在某种程度上是因为人荣耀自己的能力与他犯罪的倾向直接有关。

在目前的讨论中，罗杰斯似乎是在说人倾向于贬低自己，人的烦恼出于他的软弱而非强大，出于他的不及而非过度。只有当一个人充分地被爱并充分地被理解时，他才会认识到自己真正的价值和地位。既然罗杰斯没有原罪或类似的思想，我不清楚他将如何回答下列问题：为什么他的患者会贬低自己？是因为我们没有被充分地爱，还是因为我们拒绝接受别人对我们的爱？如果是前者，那为什么没有人给我们充分的爱？若是后者，那为什么我们拒绝别人的爱？

根据我的判断，尼布尔可能这样反驳罗杰斯：患者的软弱、不及或贬低自己，可能是下列两种情况中的一种或两种。要么它是偶然的、仅仅只在表面上并且模棱两可，在这种情况下，它是骄傲的一种反转形式，在这一反转形式中，骄傲装扮成过分的无价值；或者它是真实的，在这种情况下，它是骄傲或自爱的力量之一的实例，在这一实例中，骄傲或自爱已经变成软弱。

因此，问题是：在人类中，自爱是那种我们可以把所有其他形式的恶都归于其名下的根本恶吗？如果问题真是这样，这就显得尼布尔（当他强调骄傲胜于强调纵欲时，或者当他强调过度之力量用于强调软弱之不及时）和罗杰斯主要是在两个不同的维度或场所上谈论同样的根本事实或人自我毁灭的过程。他们的这一分歧，部分地可以由他们的职业和优先思想之不同来解释。或者，自爱与自贬是完全不相关的现象？也许我们没有充分的证据来做一个可靠的判断，虽然目前我赞成第一种选择。

这个讨论可以被推向深入，如果我们问这样一个问题，即：当罗杰斯的患者们在心理治疗关系中能够充分地高估自己时，他们是证明了罗杰斯对人天赋和本质的善的描述，还是展示了尼布尔所强调的一些品质？必须记住的是，尼布尔认为在人里面存在很大的不确定性，因为善和恶在人里面有共同的根并且总是交织在一起。由于在这方面没有任何可靠的资料，因此这个问题在某种程度上是假设性的。任何有关这两个观点的解决方案都必须考虑到患者生活这一个方面。同时，在对这些相反观点做出一个令人满意的评价之前，还必须更多地考虑到人类生活的社会特征。罗杰斯和尼布尔可能都发现对方的解决方案是不能令人信服的，因为他们各自的材料和观点在总体上是不可比的，虽然我认为必须承认尼布尔的观点更具有包容性。

2. 在自由与外部决定的关系这个问题上，罗杰斯的观点就不大清楚了。首先我不能确定罗杰斯赋予“自由”或“自我决定”的意义是不是与尼布尔赋予它的意义相同。我倾向于认为，罗杰斯的思想中实际上没有在精神方面自我超越的观念。更加有趣的是，罗杰斯根本没有提到这个观念，而它是尼布尔的一个根本立场，由之出发他批评了如果不能说是全部也至少是大部分现代心理学流派。罗杰斯应当对这一遗漏做出解释，因为这个思想对尼布尔来说是决定性的。这一见解对理解尼布尔对各种各样的理性主义所做的批判，对也包括对基于理性地纯概念性的一致性结构和意义的理解，都是关键。这也该适用于罗杰斯自己对人性和善生的观念上。

在他们给自由所下的定义上可能存在的差别部分地解释了他们在解决自由—必然问题上的不同。我实在不清楚罗杰斯正在为解决（自由与决定之间存在的）这个张力寻找一个什么样的解决方案。显然，他正在寻找一种能把自我的自由包括在内的心理秩序。可能的话，自我创造性的概念也可以被包括在自我“秩序”的意义之中。罗杰斯想通过根据自我决定来使自由系统化从而消除存在于秩序与自由之间的张力吗？在一个地方，他好像批评尼布尔没有能够详细说明“他相信自我具有的自由之程度”。（这段引文的内容可能引导读者正确地想到罗杰斯想使这个评论幽默一些。）

关于历史决定与自我超越之间的关系，尼布尔的观点是，任何关于这一紧张状态的解决方案都是不可能的。这两种因素都是现实的，并且相互关联的。（在这关系中，我认为，当罗杰斯说尼布尔

“希望把自我和历史两者都从自然结构的领域中移出去时”，他是不正确的。）而且，这一紧张状态是值得的。但这并不意味着尼布尔反对科学探索；而是意味着，在最后的分析中，他认为，关于自我的严格科学，包括自我超越，都是不可能的。对于他来说，自我的自由是非决定的，因而不能被系统化入任何理性地构造起来的秩序中。这个观点具有罗杰斯可能不接受的神学的前提和含意。两人之间的分歧主要是神学上的。

瓦尔特·M·豪顿（奥伯林学院神学研究生院神学教授）：编辑请我就卡尔·罗杰斯对莱因霍尔德·尼布尔的《自我与历史之剧》一书的评论——它发表在芝加哥神学院《大事记》(*Register*)杂志1956年1月号上——谈点意见。罗杰斯出于临床经验而作的评判，给我一个强烈的冲动，它使我跳进存在于这两个智慧的、天才般的人物之间的裂口，并对之做一点解释。

首先，谈谈罗杰斯对尼布尔的印象。他读了尼布尔的《自我与历史之剧》一书，认为尼布尔是教条主义者，思想狭隘武断。作为一个私下讨论神学的小型团体的一员，我认识莱因霍尔德·尼布尔已经有好多年了，我能够理解是什么给了罗杰斯这样一个错误印象。“莱尼”（对莱因霍尔德·尼布尔的爱称）在描述他认为是错误的观点时，确实滥用“荒谬的”、“错误的”、“天真的”等诸如此类的词汇。对任何神学问题，他的第一个行动就是找到关于这个问题的两个对立的观点并把他们都发挥到荒谬的地步，以明白地揭示存在于它们之间某个地方的真理。他不很准确地认为这些极端化了的观点就是它们的代表性人物的实际观点。事实上，由于他太急于得到尖锐对立的一对观点，他有时给出的是对这些观点带有成见的描述。但若你继续听他讲下去，当他针对这些荒谬性试图提出真正的选择时，他就变得非常谨慎，并且是试探性的。

在所有终极性问题上，宗教思想家能够做到的，至多是给出一个神秘性的或象征性的解决方案，即总是说，“我们是骗人者但我们是真实的。”(《超越悲剧》第一章）尼布尔在讨论之中时常思绪纷乱，并且乐于抓住自己的错误，好像它是其他人的错误，这样，被认为是在真正骗人的危险就很大。当他提醒人谨防“自负拥有绝对真理”时，他确实是在说自己。他在《人的本性与命运》一书的后半部分发挥“有真理和没有真理”的悖论时，就不仅仅是在对罗马天主教徒说话，而是在对所有的人、对各种各样的人说话。他像卡尔·罗杰斯一样憎恨教条主义；但他的辩证方法的消极一面致使卡尔·罗杰斯认为他的理论是教条主义的。从积极的方面看，甚至他的朋友也批评他过于谨慎。没有科学家比他更为谨慎的了。

这就把我们引到罗杰斯对尼布尔第二点的批评上。他认为，自由与必然的问题是每个关心人类本性的严肃学生都不得不仔细考虑的问题，尼布尔对这一问题的问答是反科学的，根本不可能令人满意。在指出源于（上帝之）“戏剧性选择”的历史“不可预测的”的特征时，尼布尔好像是在暗示，经验科学不可能阐述有关人类的规律，它这样做时必然陷入“荒谬”之中；他好像是“在告诉科学家，要他们停止在人类的内在本性或外在行为中寻找秩序”。基于这一理解，罗杰斯发现，当尼布尔列举那些能帮助人理解现代德国历史悲剧的原因时，他是前后不一致的，——要么是前后不一致，要么是持有一种令人舒服的松懈理论，既然人既是自由的又是必然的，那么，凡“不是必然的”的东西就是“人类超越性的自由的结果”。但这不是尼布尔将自由与必然在人类中结合在一起所意味的全部东西——不是“不是这一个就是另外一个”，好像它们是“全然相异的”，而是“两者自动地结合在一起的”。他在人类终极问题上诉诸圣经信仰和辩证的思考，不仅不与对同样事件的经验分析根本不一致，而且把对这一事件的经验分析大大地向前推进了。

罗杰斯对尼布尔的第三点也是最后一点批评是，尼布尔把自爱与虚伪看做是人的原罪，这与心理咨询经验的发现相矛盾。心理咨询经验毫不含糊地指出，人的基本需要是“开始是尊重自己，其次是接受自己，最后是喜欢自己”。罗杰斯说，那种认为人的真正疾病是自爱而不是缺乏自爱的观点是一种“肤浅的”言论。这两种发现当然非常矛盾，在这一矛盾中，两个非常敏锐的观察者——一个位于公共生活领域，另一个位于个人的内在生活领域——好像一个要将另一个完全遮蔽。跳出这一矛盾，在对人的理解方面可能会取得真正的进步。让我们看看情况是不是这样。

不用提尼布尔《道德的个人和不道德的社会》的书名，也不用通过把其中一个观点应用于个人生活而把另一个应用于社会生活来使罗杰斯的观点与尼布尔的观点协调。对人的个人方面与社会方面加以区分在尼布尔的思想中只是相对的；自爱与骄傲虚伪，在群体生活中只是比在个人生活更大更明显而已。在《自我与历史之剧》——尼布尔的著作中最具心理学特色的书——中，就有大量的篇幅讨论自我与骄傲，用它们就足以判断罗杰斯对它的解释是否正确。

无论如何，在尼布尔关于人与原罪的思想中存在着一个更深层的伪装，尼布尔在《人的本性与命运》一书中对之进行了全面分析，这本新近出版的书提供的只是这个分析的缩影，所以它不是那么明显。有趣的是，这个分析（整个地是对尼布尔的立场的定义式的陈述）完全用从克尔凯郭尔那里借来的一个心理学思想开始——卡尔·罗杰斯承认自己也借用了克尔凯郭尔的这一思想，但却是从另一个不同的角度［见他的莱里·荷尔德特讲演，《成为一个人》（奥伯林，1954），论克尔凯郭尔《选择成为你自己》的思想：绝望的解毒剂］。克尔凯郭尔的这个心理学思想说，焦虑是“罪的内在前提条件……人不可避免的精神状态”。由于人的边缘处境，人被自然决定的部分和超出自然的部分都是自由的，人不能不处于焦虑之中。焦虑不是罪，但它是导致人犯罪的一个强大的诱惑。自爱和骄傲不是罪仅有的两种形式；它们只是一个人试图使自己比其他受造物更安定平衡以克服焦虑所作的努力。尼布尔也把纵欲作为罪的一个主要形式，所谓纵欲，即企图逃出自我的焦虑，就像瓦尔特·惠特曼那样，试图忘掉罪并像从不因罪而悲叹的动物一样生活。在这些逃避行为背后，是一种根本的态度：不信，即不愿信赖上帝并接受他的宽恕、他那赋予人以力量的恩典，这恩典使人能够克服焦虑的威胁。因此，说尼布尔认为自爱和虚伪是罪之根，严格地说，是不正确的。在自爱、虚伪和罪的其他普遍形式之后，是焦虑和不信上帝；而大部分观察者同意，不信上帝与不信他者和自我密切相关。这一思想还像起初那样看起来与卡尔·罗杰斯对通常的自爱与根植于博爱的"接受"这些基本需要的强调无关吗？

让我们不要急于去协调这两个对手的思想。他们研究人性的方法和他们对人性的描述依然是对立的。卡尔·罗杰斯对他的患者的态度是"接受"和"非约束性的"，他认为，人的本性本来是健康的，需要的只是将其从外在桎梏中解放出来，并通过他内在的力量来治愈和拯救自己。至少可以说，这就倾向于贝拉基主义的自我拯救的方向了。莱因霍尔德·尼布尔强调，人根本是无力自助的，他完全依赖于神的恩赐，他像害怕魔鬼一样害怕自满，乃至高喊："信赖人的人是该诅咒的！"还有比这种新奥古斯丁主义的悲观主义更能与贝拉基主义者的乐观主义相对抗的观点吗？但是，由于尼布尔实际上是根据博爱来定义上帝的恩典的，这与罗杰斯定义"接受"的博爱重叠，而且他们两人对那使人烦恼的焦虑都深怀同情，这就为他们增加思想上的一致留下了余地，如果他们继续交流下去的话。为什么因第一次受挫的相遇而泄气呢？

汉斯·霍夫曼（哈佛大学宗教与心理健康项目主任）有人请我根据卡尔·罗杰斯在芝加哥神学院《大事记》（*Register*）杂志1956年1月号对莱因霍尔德·尼布尔的《自我与历史之剧》一书的评论对该书作一个评论。

由于总体上既不熟悉神学思想和宗教思想的背景也不熟悉它们近日的发展，要理解莱因霍尔德·尼布尔的观点和贡献，对罗杰斯博士这样的局外人来说，有点困难。尼布尔博士的著作之不容置疑的、相信至今仍是其最实际的优点在于，他不断地提醒我们，对人本性的不适当的并且有害的乐观主义是不现实的也是不会有结果的，因为它将使人们忽视人类窘迫处境的复杂性，并使人退变为一种对其未来发展的决定论机制与其后续可预测性的单纯总和。尼布尔正确地感受到了那种危险，即，这样一种对人的神学的或所谓科学的理解，会诱惑我们不负责地不考虑人的创造性并失去对人性中毁灭性能力的警惕，这种能力绝对不会遵从我们的哲学前提或我们从经验获得的不成熟的结论。

因此，他热心地去明确区分那些构成人自我欣赏的各种因素以及它对人参与历史的悖论式的影响。他在人的创造性和人受环境条件的奴役之间发现了一个永恒的、不可避免的张力。尼布尔认为，这些存在于人自我考虑的本性中的关键因素是不可调和的，并且认为它们是非常根本的；所以他一有机会就喋喋不休地谈论它们，甚至冒着曲解其本来面目或犯错误受指责的危险。这就能够解释那一令人尴尬的事实，即尼布尔根据自己的理解来引用基督教信仰，他并不总是准确地告诉我们他的基督教信仰是什么意思，并且让我们感到，他通常没有熟悉世俗世界对人的理解就根据自己的立场对之加以粗糙的判断。这就形成了明显的问题，我们可以简单地说明其中几个。

我们不要忘记，尽管尼布尔对上帝的存在和它通过人在这个世界进行的活动有日益增长的感觉，而且正是这种感觉激起了他与其说是准确不如说是概括地理解历史的兴趣，但是他从来没有改变自己那如果不是唯一的也是主要的兴趣，即关心人的本性与命运。现在讨论的这本著作突出了这一主题，他以前的著作都不曾这样做。

在这本书的开头尼布尔相信马丁·布贝尔的思想，不是毫无意义的。非常像布贝尔，尼布尔乐意把人的自我设想为一个独特的中介，使它在环境框架中作用和反作用。但这在神学上和科学上都不是正确或有用的。

从神学上讲，人的自我是由自我经历构成并通过自我经历来保持活力的，而自我经历，即是独特而具体地用生命表达上帝在这个世界中的自我实现。上帝和人并不因此而合成一体或不可分辨地一同出现。然而，只要人的自我理论上不是被认为与这一神—人关系分离就是先于这神—人关系，那么，在基督教信仰看来，我们实际上在谈论的不是幻想的就是歪曲的自我意识；这样谈论自我意识，假定自我是独立的，实际上是在摧毁自我，也就是说，它有着普拉摩斯琉斯般毁灭性的影响，尼布尔热烈地谈到这一点。人真正的自我在于我们心怀感激而欢乐地承认，由于上帝对我们的主宰，我们被赋予了自由，以树立我们自己的形象——不论这形象是我们的，世界的还是上帝的。

原罪是一个神学术语，它表示对人独特而持续不断的诱惑，它诱惑人去建立他自己的自我，这个自我与上帝赋予他的那个真正本性相对，又能在他自己的限度内得到实现。尼布尔的错误在于，尽管他知道原罪的含义，但他却没有把它清楚地表达出来，他根本没有充分地理解圣灵，就是一明显的证据。

由于在自我观念上同样的错误，尼布尔没有能够把那使人与神分离开来的原罪与那表现在行为中、因而从属于原罪的罪（译者注，即本罪）区分开来。只有对后者，才能做现象学的研究，才能从道德或伦理方面进行评价。

“自爱”——如果有人愿意继续用这个非常模糊并且容易引起误解的术语——不是罪，既不是原罪，也不是其他类型的罪。自爱也不仅仅是人类的一个坏习惯。尼布尔和其他神学家如果能耐心地听听心理学家的意见，他们将受益匪浅。心理学家使我们明白，过度的自虑是极度缺乏自我实现力和自信的一种症状。在我们对这一现象的产生是由于未得到相称的或充分的爱的状况进行考察研究之后，我们就可以反思有关这一现象的神学观点了。

当我们用科学术语来陈述我们的神学或哲学的观点和结论时，我们就冒着与经验科学家冲突的危险。经验科学家会告诉我们，他们的发现与我们的结论相矛盾。换句话说，他们不应当受诱惑而超出现象学的结果并用他们不当的结论来侵入这样一个领域，在这个领域中，不论是对终极原因还是对未来结果的解释，都超出了经验方法的界限。

从根本上讲，神学家尼布尔与科学家罗杰斯之间的争论，起于双方的原因。一方面由于，科学家把“在人的内在本性或外在行为中发现秩序”的非常恰当的努力，变成了一种智慧的思想，即获得有关心理秩序的知识并正确使用这些知识本身就会消除人类寻找那超出于他自己的生命之源并对之加以解释的愿望。另一方面则是因为，神学家都急于去证明神学思想与真理之间的同一性，为此而盲目地驾驭有利的证据而不再重新思考自己的前提。

毫无疑问，在人的心理中存在秩序，这一秩序始终面临着被混乱干扰如果不是被摧毁的危险。甚至讨论人与石头、动物之不同在于他们能干扰他们自己或他人的心理是否是一个事实，也将是十分陈腐的。这样做的根本理由可能就在于神学家谈论这一问题的那个深度。它的心理学的和环境的表达将由科学家完全客观地检验，这些科学家的哲学前提也应当重新认识以便他们不再过分地高估他们自己的发现。

人们可以这样简单地说明，人既是受造之物同时又是创造者的这一悖论正最好地说明了，人在相对于其造物主（Creater）来说，他是受造者。既然如此，人只要不滥用或曲解上帝所赐予的才能，他就可以很便通地享有创造性的喜悦并利用其天赋实现那不可能的事，即认定自己是自主的、独立的创造者了。人滥用或歪曲上帝赐予他的礼物而被剥夺了发现和接受秩序的自由。这一秩序指向谦卑的经验，即任何秩序都不是我们主管的，也不是我们可以为了我们的目的而不负责任地利用的。真正的自由是不可分离地与真诚的、因而也是与自信的谦卑联系在一起的，当一个人在试图证明他自己和他自己的观点时，这种自信的谦卑通常是有用的。

牧灵心理学从尼布尔那里学到的是，要敏锐地意识到人的本性与人在历史中的地位的复杂性，在历史中，上帝的智慧总是超出我们的思想，只要我们对被上帝的智慧照耀和给予欢乐的可能性开放，上帝的智慧总愿在历史中显示自己。我根本不明白，为什么这样的一个自由不允许我们不怀偏见地向对人的世俗理解学习，而又既不为它们未被承认的哲学前提所苦，也不为它们同样没有保证的对人的乐观主义或悲观主义所苦。那些没有从先入的理论观点推出他们客观的观察，而是以他们具体的发现为基础来认识理论反思和假设的人，他们的经验引导他们对他们的洞察寻求一种结构性的理解。无论如何，他们对挑战开放，愿意放弃破旧的前提并根据更好的证据来重组他们的理解。就像道成肉身（从天降生为人）的上帝，被证明为真正的上帝，因为人从他那里获得真正的生命。所以，平静而不冒失的真理总是在我们期望和欢喜的地方使我们感到惊奇，因为我们太在意我们自己的思想。

最后的评论

卡尔·罗杰斯

我发现霍顿博士和洛马博士智慧而富有见解的评论教给了我很多东西。他们认为，如果我更多地与尼布尔博士交往，更多地看尼布尔博士的著作，我将会以另外一种方式来理解《自我与历史之剧》这本书，我相信他们的想法是正确的。他们已经帮助我走向这种理解。我发现非常有趣的是，我被看做一个贝拉基主义者。要知道这是对一个人的异端邪说的标示。

我发现，霍夫曼教授的评论不大好处理，因为它使我更加困惑了。我认为他是在说，科学家在科学领域中寻找科学真理，而神学家在神学领域中有自己的真理。这的确是一个生活在其中非常舒适的世界，但不幸的是，对我来说，它并不是我生活在其中的那个世界。我生活在其中的世界并不包含这样一个内在的分裂，我能理解为什么他把我看作一个“无希望取胜者”。

在争论中的主要论点中，我发现其中有三点有助于表达我自己的观点。霍顿、洛马和霍夫曼主张，尼布尔在他的其他著作和代表作中发现了一个不可避免的、永恒的、不可解决的矛盾，一方面是个人的自由和创造性，另一方面是必然、决定论、环境条件的奴役。我承认他们对尼布尔思想的这一理解是正确的。在现在评论的这本书中，在我看来，尼布尔是在试图用各种办法来解决这个矛盾，但正如我已经指出的那样，它们都不能令我满意。

如果这就是尼布尔的观点，那么，在这个问题上我们的想法就更接近了。我只需换一下形容词就够了。我要说，在心理分析疗法中如此生动体验到的人的自由，和在心理研究中是如此明白地显示出来的人的行为之被决定性，存在于一个现在几乎不被注意但确实又是不可解决的冲突中。我不知道，如果这一矛盾是不可避免的，那么，它是否是永恒的，在与斯金纳的座谈（或者说是辩论）中，我试图坚持这样一种立场，即这些要素都是真理。那时我谈到了：

> 行为科学的巨大悖论。行为，当它被科学地检验时，最好把它理解为是由前在的原因决定的。这是科学中的一个巨大事实。但是，人必须为之负责的个人选择，这是人之所以为人的最根本因素，是心理分析疗法中的核心经验，在我们的生命中是同样优先的一个事实。否认负责任的选择的经验，对我来说，就是拒绝行为科学的可能性。在我们的经验中似乎处于矛盾中的两个重要因素也许具有同样的意义，就像光的波动说与粒动说，两者都被显示出是真的，尽管它们是矛盾的。我们不能简单地否认我们主体性的生活，进而否认对主体性生活的客观描述。①

我不知道解决这一悖论的方法。与洛马博士对我的立场的理解相反，我认为，主体性的选择是在先的：

> 我们能够选择使用行为科学的方式：即自由的而不是控制的方式；它将带来建设性的多样化，而不是整齐化一；它将增进人的创造性，而不是知足而止；它将帮助每个人实现自我规定的目标；它将帮助个人、集团，

① 卡尔·R·罗杰斯，B.F. 斯金纳：《有关人类行为制约的一些问题》，载《科学》1956（124），1057～1066页。

甚至科学观念实现自我超越，以新的适应方法来满足生活的要求并解决它的问题。①

我指出，如果决定论的行为科学能够清楚地认识到个人以存在的方式进行选择的根本基础，如果它能把自己的重点放在实现的过程而不是放在作为结果的成就上，它就能够向这些方向发展。

现在考虑另外一个观点，洛马博士相当有理地提出了患者贬低自己的问题。我的问答可能不会令他十分满意，因为这不是一个绝对的或神学的回答。我只能提交我的经验把我带到的那些思想。个人最初疏远他自己——使他不信任和贬低自己的那些经验，似乎都跟这个图式有关。某些时候，婴儿为了保持父母对自己的爱，将他的父母放在他的经验中的价值内化为自己的价值，放弃或不信任对自己的经验进行有组织的评价。之所以会出现这种情况，是因为他的父母给予他的爱是有条件的爱——“只是你把与我加于你的价值同样的价值放在你的经验之上时，我才会爱你。”当这种对自己的评价过程的不信任被重复无数次时，这个个体就开始不信任并轻视本身就是生活管理者的自己。他所有的隶属于自己经验的那些令人困惑的准则都来自他人。他的感觉，那作为他自己评价过程之最好指导者的感觉，是被拒绝考虑的；他现在是一个被分裂了的人，一个与自己疏远的人，或者，用我自己更喜欢用的术语来说，是一个心理调适不当的人。简单地说，很清楚，一个人在婴儿和童年时接受的无条件的爱越多，他就能越放心地相信自己的经验足以作为生活的指导，他的心理调适就越具有创造性。我不知道，对我的观点所作的这一高度简化的陈述是不是只会引起更多的困惑，但如果读者愿意的话，他可以通过深入阅读我那些内容更丰富的著作来理解这一问题。②

---

① 卡尔·R·罗杰斯，B.F. 斯金纳：《有关人类行为制约的一些问题》，载《科学》1956（124），1057～1066页。

② 卡尔·R·罗杰斯：《以患者为中心的疗法》，第11章，波士顿，豪顿·米夫林出版社，1951年。

请让我更进一步介绍我的思考。令人烦恼的是，我被看做一个乐观者。我的整个职业经历都是与生命的黑暗的、通常是肮脏的一面打交道，我最清楚人能做出什么样的令人难以置信的毁灭性行为。但同样是这种职业经历迫使我认识到，如果你深入到人最糟糕和最纷乱的状态中去认识他，他就不是邪恶或恶魔的。在最近一篇文章中，我试图表达这一观点。

"人的本性，在自由运作时，是建设性的，也是可信赖的。对于我，这是从四分之一个世纪的心理分析治疗的经验中得出的一个不可避免的结论。只要我们能够让一个人从防卫的面具中解放出来，他就能够向他自己需要的广泛领域开放，能够对环境和社会需要的广泛领域开放，这样，他的反应也就会是积极的、前瞻性的、建设性的。我们无须问谁将会使他社会化，因为他的最根本需要之一就是与他人结盟和沟通。在他更充分实现自我时，他也就更现实地社会化了。我们无须问谁将控制他的侵犯性冲动；因为他越是对自己所有的冲动开放，他要他人喜欢他的欲望以及他给他人以爱的倾向会越强烈地游向他或抓住他。在某种情况下，如果进攻在现实上是有利时，他就会进攻，而不存在逃避进攻的需要。当他趋向于对他所有的经验都开放时，他的行为在总体上会更加平衡更现实，更加有利于高度社会化的动物的生存与提高。

我不赞同这一颇为普遍的观念，认为人本质上是非理性的，……因此如果不对他的冲动加以控制，就会导致他人和他自己的毁灭。相反人的行为是非常理性的，它伴有着精深有序的复杂性朝向自己要奋力实现的目标前进。我们大部分人的悲剧在于，我们的防卫使我们没有考虑到自己的理性，因而我们在有意识地向一个方向前进时，我们的机体却朝着另一个方向运动。但在我们的生活在善生过程之中的个人身上这样的障碍势必逐渐减少，他也会越来越多地参与到他机体的理性运作之中。只对那些常有的，或者说很明显是迫不得已的冲动加以控制，就是一种慾望对抗另一慾望所起的自然和内在的平衡作用，同时也是发现一些能遵循最接近于满足所有慾望发展方向前进的行为的途径。这样，损害其他欲望（如友谊，亲切的关系等）而极端地满足一种欲望（如攻击、性等）的经历——在自卫有素的个人身上很常见的一种经历，——势必大大地减少。他势必参与到对有机体的极为复杂的自我调节活动——生理的和心理的恒温控制——这样一来，就可以越来越与人与己生活在和谐之中了。[①]

我希望读者清楚，我并不想与尼布尔或那些对我就尼布尔的著作所作的评论发表评论的人争论。我纯粹是想将我在对整个讨论来说关键的三个问题上的试探性观点向前推进。第一是自由与必然，这个问题在每个时代都有新的表述，而且从来没有丧失紧迫性。第二个是人的困难的来源问题——是源于遗传而来的原罪，还是源于个人的社会环境。第三是人的根本特征问题。我希望，读者通过阅读尼布尔博士的这本书以及因它而起的各种评论，促使自己在这些问题上形成自己的观点。

① 卡尔·R·罗杰斯：《一个精神治疗学家关于良好生活的观点》，载《人道主义者》，1957（17），299～300页。

9 罗洛·梅

罗洛·瑞斯·梅（Rollo Reece May）1909 年生于俄亥俄州艾达市。他的父亲是美国基督教男青年会的专职秘书。梅在维多利亚传统和基督教循道会传统浓郁的家庭里长大。他曾在密歇根州立大学就读两年，后于 1930 年获英语学士学位毕业。在希腊撒乐尼卡（Salonika）市的安娜托利亚学院（Anatolia College）选修希腊历史和文学之后，他又紧接着在该校执教三年英语。在这期间的两个夏天，他访问过维也纳，在那里他曾进入研究生强化班，就读于心理分析学先驱，阿尔弗雷德·阿德勒（Alfred Adler）门下，并从约瑟夫·宾德尔（Joseph Binder）学习绘画。

1933 年，他注册进入纽约市协和神学院学习，如他后来自称，是"为了寻求关于人类终极问题的解答——不是要成为一位布道者"。进入协和神学院一年后，由于家庭原因，他又回到了俄亥俄（Ohio）生活了两年。后来，他到密歇根州立大学担任男生辅导员工作谋生，并维持两个弟弟和一个妹妹的生活。回到协和后，他就读于保尔·蒂利希（Paul Tillich）门下并于 1938 年取得神学学位。然而，他最终还是成了一位布道者，他在纽约州维罗纳（Venona）市基督教公理会的一座堂区担任牧师之职两年。他的最初两本著作，《咨询艺术》（*The Art of Counseling*，1939）和《创造性生存的源泉：对人性和上帝的研究》（*Springs of Creative Living*：*A Study of Human Nature and God*，1940），即在此时期问世。

在而立年之初梅感染上肺结核，处于生死机遇参半的情况下，他在古典文学、宗教和咨询等方面兼收并蓄的背景经历，便开始具有了新的意义。在随后的十年里，他勇敢面对这一疾病，并正视死亡的现实。他曾写道，“我已学会调适自己的身心，我现时的存在……面对死亡是一次宝贵的经历，因为在此经历中，我学会了面对生活。”

面对其自身存在的焦虑以及对牧师之职在帮助教区苦恼居民方面的局限性不满，梅在哥伦比亚大学注册就读临床心理学。最终，于1949年，以最优异成绩获得博士学位。其《焦虑的意义》的博士论文（*The Meaning of Anxiety*，1950）论证了焦虑并非总是负面现象，而是个人对自身危险和社会动乱的正常反应。诚实地面对焦虑，它就能导致更丰富、更真实可靠的生存。

在其余生中，梅依仗他早期的真知灼见，以及他对克尔恺郭尔，尼采，加缪和蒂利希等人的了解，最终成了“最著名的和最雄辩的存在主义心理治疗执业医师。”他在写到他在纽约州撒拉纳克湖肺结核病疗养院的18个月时说，“那些欢快放肆，抱有希望并尽量对疾病毫不在意的病人都已相继死去，而我们中间那些忍受病苦，接受疾病并与之斗争的人却康复了。我的存活或死亡并未取决于医生或药物，而是取决于我自己。”对于梅来说，康复的希望就在个人的“意志”，即他的意向。帮助病人面对生命的终极问题，死亡以及生命的意义并选择健康——即生命的勇气，是心理分析家们的责任。

梅最初与之有专业协作的机构是纽约威廉·阿兰生·怀特精神病、精神分析及心理学研究所。1948年，他加入该所工作，1958年，成为培训及督导分析师，并担任该职务直至1975年他移居加利福尼亚。1975年后，他经常作为精神分析治疗私人执业医生独立工作，同时，还常去耶鲁（Yale），哈佛（Harvard）、康奈尔（Cornell），普林斯顿（Princeton）以及许多其他大学新的社会研究院，频频发表学术演讲。在他的个人生活方面，1938年他结婚成家，直至1969年。1971年再度结婚，直至1975年。在第一次婚姻生活中有三个孩子。一位评论者描绘他说：“瘦瘦的身材，戴着眼镜，棕色的眼珠，略显过长的灰色头发，他举止颇有专家风度，其貌简直是舞台演员般的英俊。”

梅在其自20世纪50年代以来出版的许多广受欢迎的著作中介绍了

他的存在主义观点，其中包括《人的自我寻求》（*Man's Search for himself*，1953）、《存在：精神病学和心理学中的一个新领域》（*Existence：A New Dimension in Psychiatry and Psychology*，co-editor，1958）、为专业读者而写的《存在主义心理学》（*Existential Psychology*，1961）、《心理学与人的困境》（*Psychology and the Human Dilemma*，1966）、《爱与意志》（*Love and Will*，1969）、《权力与天真》（*Power and Innocence*，1972）、《自由与命运》（*Freedom and Destiny*，1981）以及《我对美的追求》（*My Quest for Beauty*，1985）等。运用希腊神话、世界文学、哲学、艺术以及宗教作为例子和比喻——或者如一位评论家所写的，利用其"研读那些曾是受过教育的西方读者共同背景的一部分古典著作"——梅把心理治疗的临床经验与人和社会日常关注的问题联系起来。他的著述是如此的有影响，他的观察是那样地贴切，致使他和他自己的精神分析医生，艾利希·弗洛姆（Erich Fromm）一道成为本世纪下半叶拥有最多读者的心理学家之一。

梅对自己在其间工作了近30年的威廉·阿兰生·怀特研究所的描述可能是梅自身生涯的概括："我很珍视该研究所的公开性，它……跨越了狭隘的职业特性的边界，并扩展到足以把人本主义及存在主义的心理治疗和各种较严格形式的精神分析治疗法包容在一起。"梅也曾沉浸在精神分析的传统之中，他和卡尔·罗杰斯、亚伯拉罕·马斯洛以及其他人一道同为60年代初人本主义心理学协会的创始人。他被广泛地视为美国个人和社会心理学的主要思想家之一。

下面梅和罗杰斯两人之间的书面交流。其交流是从罗杰斯1959年对梅等所著的《存在：精神病学和心理学的一个新领域》一文的评论开始的。接着是22年后，罗杰斯为人本主义心理学研究所的杂志《视角》（*Perspectives*）所撰写的关于罗洛·梅的短评，发表在以梅为主题的特刊上。梅在发表在《人本心理学杂志》上的《给卡尔·罗杰斯的一封公开信》对此作了回应。罗杰斯也在同一刊物上做了回答。

行为方式就是存在（方式）

卡尔·罗杰斯

罗洛·梅（Rollo May），恩莱斯特·安琪儿（Ernest Angel）和亨利·艾伦伯格（Henri F Ellenberger）（诸编辑们），《存在：精神病学和心理学的一个新领域》，纽约，基本作品集，1958。

如果本书能得到充分而深刻的理解，那就很可能使美国的心理学者们，不论是临床学者还是实验心理学工作者，都会感到心神不安。因为，虽然它的公开目的只是要介绍存在主义心理治疗法，但如像已经自发和独立地出现在若干欧洲国家的那样，它还有两个更具深意的目的。[①]

首先要阐明这种治疗法是费劲的。这种主要由系统分析学者们制定出的治疗法正逐渐地取代欧洲的心理分析疗法。由于心理分析疗法仅在几年中就在这个国家被采纳为临床心理学家们的基本纲领，所以一发现它在其发源地已在让位于下一波思潮和实践就不得不令人思绪不安了。

第二个潜在目的甚至是更具挑战性的。那就是对我们把实证主义作为心理科学（Psychological Science）的最高目标来遵从，提出坚定而严格的质疑。心理科学中的存在主义被描绘成“自文艺复兴后不久以来，试图通过消除曾使西方思想和科学发生混乱的主客体之间的分裂来理解人所做出的努力。”与这种分裂相反，存在主义试图将科学置于人本主义哲学更广阔的背景中，在其间，人，作为一个进化初露的人，总是处在焦点的中心。这样，在一挥之下，梅（当然，在较次要的程度上，还有他的合编者们）就在向临床医师们所支持的治疗理论进行挑战，同样也就在向甚合科学家们心意的、早已确立的逻辑实证主义信条挑战了。

由于这些较深刻的问题并不是本书表面关注的课题，而只是说明其

---

① 载《美国心理学家》，1959（4），196～198页。

潜在的智力和情感的潮流，请让我先谈谈本书实现其更为明显的目的的方式，也就是使我们熟悉现在已在欧洲心理治疗学中出现的，哲学的、讲求理论和重视实际的新趋势。罗洛·梅率先写出了两篇优秀长文，论述存在主义及其对心理学和心理治疗思想的意义和贡献。其后，便是艾伦伯格所写关于现象学观点在精神病学和心理学工作中的历史发展，以及将其吸收进入心理治疗学方针中的更为技术性和更为学术性的描述。本书的其余2/3是几位存在主义心理治疗学的代表学者们所翻译的文章和所写的病例报告，在这一部分中，以瑞士的路德维希。宾斯万格（Ludwig Binswanger）的文章所占份额最大。

梅执笔的两章，据我看，是很杰出的。它们显示出精髓的学识和智慧，它们陈述清晰透彻。它们说明了在心理治疗中，一种新观点形成的理由——几乎是同时在不同的人们的头脑里，在不同的地方出现——以解决人们在弗洛伊德的精神分析法中所感到的不足，即该法关于人的理论，对人的看法。在本书的术语中，精神分析一语对理解 Umwelt 这个词是最有帮助和最有效的，即他的“周围世界”（world around），指处在与环境的生物学关系中的人。但在给我们提供对 Mitwelt 一词的理解上帮助并不那么大。这个词表示的是与同胞们的关系，“共处世界”（with-world）。在这里，沙利文（Sullivan）和霍妮（Horney）已用他们自己的方法尽力补救了这一缺陷。但是最大的不足还是在 Eigenwelt 一词的理解上。这个词指的是个人与自我的关系，“自己的世界”（own world）。正是在这一点上，存在主义和利用这一哲学思想的心理治疗学突显出它们的贡献来。

在尽力描述这一贡献之前，梅对存在主义作了杰出而简短，但又充满可资引证的箴言的解释。他说明了存在主义具有久远的历史渊源，至少可追溯到老子（公元前531年）。[“行为方式就是存在”（The way to do is to be.]“最好驻守在你的存在的中心；因为你离它越远，所知就越少。”（“Rather abide at the center of your being; for the more you leave it, the less you learn.”）他是通过克尔恺郭尔（Kierkegaard）找到存在主义的，他对个人和自身的分离，对如何在为一个个人的问题的热情追求，对他的独立于人的科学——即完全客观的科学——的信念等的关注都是一种幻想。他对尼采（Nietzsche）的贡献进行了分析，即任何真理都应面对这个问题，“人们能在生活中具体实行它吗？”他补充了他的观点。（“存在主义是一种态度，它把人看成总是处于转变状态中，这就意味着可能处于危机之中。”）令人惊讶的是，他甚至把享有控制论声誉的诺伯特·维纳（Norbert Wiener）增列到名单之中。（“那可能是将要赢得的，以及已经取得的，最伟大的胜利。任何失败都不能夺走我们的，已经在一个对我们似乎无关紧要的宇宙中存在了相当时间的成功。”）

基于这种哲学观点，存在主义心理治疗法关注的是使人成为一个正呈现出来的人的存在的因素。它把精神病和适应不良视为破坏实现自身存在能力的行为。当个人面临某种实现的可能性并感到其安全受到威胁时便会产生焦虑。在某一新的环境中，移情被视为发生在两个人之间的真实关系中的活动。对个人过去的回忆取决于他曾想要成为什么样的人。真理（省悟）只有当个人将其实践于行动中，体现于生活之中时才存在。治疗的目的较之治疗本身更具根本的重要性。那就是要帮助个人真实地体验到他自身及其存在。这些就是本书所介绍的存在心理治疗学的几个特点。

使用这些词语进行治疗就涉及了解这个生活在其自身生活圈内的人。“存在主义的分析法对待病人的话语是十分严格的……它绝不准许，着眼于了解这些言语是否是异于寻常的、荒谬的、不合逻辑的，或在其他方面有缺陷的，来审查病理性词语。相反，它试图了解这些体验所指出的那个特殊的经验世界以及这个世界是怎样形成和如何崩溃的。”翻译文章中的大量材料被转用于尝试着从个人生活世界的内部结构去理解和重建他的存在结构。

另一重点是梅对人的完整存在的强调。有人有这样的印象，即马尔丁·布贝尔（Martin Buber）对“您—我”（I—Thou）关系的描述很接近于 Presence 一词所指的意思。他获准引用弗利达·弗隆—赖希曼（Frieda Fromm-Reichmann）的说法——“病人需要体验，不是解释。”

所希望的是这种与治疗专家的关系是两个真正活人的相聚，治疗专家应完全投入地站在他的受治者的面前。这种情景是和那种以专家自居，把病人当作一个物件来分析的治疗专家是截然不同的。正是在沟通中才可以打破病人的孤独。

前面几段也许已表明了梅发现专业界正倾向于采用的那种治疗法。在我们放弃精神分析法的同时，我们可能转向采用这种更为以人为中心的治疗法。在这种治疗法中，治疗者和他与之共同工作的病人都好像是正在变易中的个人，正在努力实现自己潜能的个人。

如果我们要问，就逻辑实证主义而论，梅是如何看"未来的浪潮"（wave of the future）的，其回答是并不怎么清楚的。存在主义心理分析专家们当然不会放弃科学中的实证主义观点。在 Umwelt（环境）中，即在人与环境的关系中，他说，他们是完全的决定论者。但他们认为，把 Umwelt 看成是人的唯一存在方式，并据此来对待人，则是一种严重错误。他们相信有一种人的科学（a science of man），在对人进行研究时，既不会割裂他，也不会毁坏他的人性。他们把人的选择和决定看成是在人和自身的关系中真实而意义重大的。同时，他们坚决反对把人视为"空虚的有机体"（empty organism），看成对作用于他的各种力量的被动接受者的观点。他们认为自己比实证主义者更具实际经验，因为他们开放接受人的存在的一切实际现象，而实证主义却受制于管见。

如果这些译文说明了一种新科学的提示，那么这种描述就是令人失望的。总的来说，这种思想是笨拙的，这些分析使人联想起在可以核对的那些陈述说明中他们完全回避了弗洛伊德的思想。这些分析确实并未受到沉重概念包袱的干扰，因为他们试图重建这个个人的世界，而不是要使他符合事先预设的理论框架。不过，如果这就是所谓的未来心理科学的一个例子，那么，行为就达不到它的预期目的。

如果从临床角度看，对于这些译文可说的话也大致相同。宾斯万格（Binswanger）对艾伦·韦斯特（Ellen West）病例的说明是最为费劲的。她生活在存在主义心理疗法时代开始之前，受过精神病专家和分析专家的治疗和错误处理。她曾被收住院，接受过诊断，被准予出院，直至最后自杀。现在宾斯万格又重新研讨她的病案，并根据他现时的思考来进行分析。他对艾伦心理世界的重建是极其细致的，但他的重新分析几乎是和克列普林（Kraeplin），布鲁勒（Bleuler），宾斯万格及其他不知道名字的人士所用的最初的处理法一样令人失望。作者能如此毫无掩饰地坦率介绍一例曾难以想象地受到错误处理的病案是应当受到称赞的。然而，当他的最后结论是，由于现在他有最佳的思维状态和最好的现代方法，"这个病例原本可能只是将那最后灾难推迟的问题"时，我不得不气愤地拒绝他的结论。

这是一本提示心理治疗和心理科学中正在发生的情况，具有强烈吸引力的书。它试图把当今欧洲心理治疗学者们的著作，作为这些预言性提示的应验，来予以介绍时，其说明又令人失望。虽然本书在促使我们意识到正在发展着的重要趋势上起到了有价值的作用，虽然它将激起讨论和辩论，但它最初的许诺几乎很少兑现。鉴于开始几章的杰出和深度，我想向罗洛·梅问一个老生常谈的问题："罗洛，你为什么不为自己发言呢?"他的回答很可能比这本书甚至要好得多。

罗洛·梅简介

卡尔·罗杰斯

我视罗洛为人本主义心理学的一位领袖学者。他博览群书，知识渊深，他焕发的智慧，跃然于其著述之中。他对人本主义心理学中导向无关紧要的或未经权衡的目的的趋势总是持严格批评的态度。他要求这个领域要具有深度，要有高品质的哲学和理论的思想而受尊重。为了追求实现这一目标，他曾是 1975 年人本主义心理学理论的图森会议（Tucson Conference）的发起人之一。这次会议，对于那些与会者来说，是一次振奋人心的会议，而罗洛就是会议的主要人物之一。要评估这样一次会议的长远影响几乎是不可能的。在此次会议的体验中，我感到有一定的过人之处，但交流的透明度尚嫌不够。像格雷戈里·贝森（Gregory Bateson），乔纳斯·索克（Jonas Salk），休斯顿·史密斯（Houston

Smith）等人发表的具有高度分歧的意见给我留下了深刻印象。无疑，对其他出席的人也是一样。

我还愉快地记得，1960年左右，罗洛在威斯康星大学精神病学系所举持的研究班，当时我是该系的成员。那是一系列学术集会的一部分，每次集会要进行好几天，在此期间，我结识了一些人，熟悉了一些理论以及该领域若干不同领导人的治疗经验。罗洛不曾使我们失望，同时，有他住在我家，对我来说，是一种愉快。

我想，我和罗洛的分歧主要围绕在人类个体的本性这个问题上。他把Demonic（音译：地模泥刻）——邪恶魔性——看成是人的性格组成的基本要素，并在他的著作里常常强调这一点。就我来说，虽然我非常清楚在今天的世界上，破坏性的、残暴的、恶意的行为多得不可思议——从战争威胁到街头无知的暴力——但是我并未发现这种邪恶是人本性内天生来就具有的根据。在有利于发展和选择的心理氛围中，我从来不曾知道有任何个人选择残暴的或破坏性的道路。选择似乎总是朝更高的社会化方向发展，向和他人改善关系的方向发展。所以，我的经验使我相信，我们的邪恶行为的主要成因是文化影响。分娩的粗鲁方式，婴儿和父母居住在一起生活的经历，我们教育制度的抑制性和破坏性的影响，我们的财产分配不公，我们养成的针对不同于自己的人的偏见——所有这些成分和许多别的因素常扭转人类这个生物向反社会的方向发展。如此，我看到人类的成员，像其他物种成员一样，在他们的根本天性上，实质都是建设性的，只是受到了他们经历的损害而已。个体的生活也部分地是由他的或她的选择形成的，同时，如我们很容易观察到的，那些选择可以是朝使其他人或其自身遭受伤害的方向发展。然而，如果我们能提供一种促进发展的环境气氛，这些选择就会证明是完全自由和自发地朝对全社会都是建设性的方向发展。如果人的本性含有一种天生固有的邪恶成分，我就不能明白这种向善的选择怎能是真实可靠的。所以，我和罗洛在这一点上仍继续存有分歧。

罗洛的主要贡献之一是他使存在心理学和心理治疗学能跻身于美国心理学界。这样做时，他就是在向传统的心理分析及其治疗法提出了挑战。他也是首先削弱当时非常重要的逻辑实证论思想的人之一。他的《存在》(*Existence*，1958)一书是最具重大意义的一本书，其中最好的章节不是那些关于欧洲存在主义者的章节，而是对罗洛自己的观点的介绍和阐释。

我总认为，在确立梅把自己的思想作为创始的而不是派生的表达出来的信心上，我起过一些作用。在1959年，《存在》出版后一年，所写的该书的评论中，我就指出过罗洛的著作优于其他撰稿者中任何一位的文章。我用这个老生常谈的问题结束了我的评论，"罗洛，你为什么不为自己说话呢?"据我的估计，他已经越来越多地这样做了。这就大大地给人本心理学和心理治疗，人的潜在活动趋势，带来了好处，同时也给人本心理学中那些同业同行的组织起来带来很大帮助。

邪恶问题：给卡尔·罗杰斯的一封公开信

罗洛·梅

亲爱的卡尔：

您的发表在《视角》(*Perspectives*)专刊上的信讨论了我对人本主义心理学所作的贡献，我非常赞赏您的著作。您在许多方面都使我增添了光彩。

您还继续指出了关于恶这个问题，我俩之间存有的主要分歧。

您说得很对，"当今出现的恐怖主义，敌意和敌对行为是迫在眉睫的问题。"我要补充的是，我们应面对这些问题的重要性也是关键的。在这些破坏力中，处于中心地位的，如许多人所认为的，是核战争以及与之相关的核辐射威胁的可能性。最近的一次盖乐普民意测验说明，这个国家十分之七的人相信一场核战争实际会发生，或者是有很大的可能在今后十年内会发生(《新闻周刊》1981-10-05，35页)。看来很明显，如果我们不能建设性地，处理原子能所隐含的威胁以及与其伴之而来的恐怖主义，我们的文明就会和古代罗马人、亚述人、埃及人和希腊人的文明一样消亡。

您曾写道，罗洛“把 demonic（邪恶魔性）视作人的性格中的基本要素，并在其著作中加以详细论述”。您将这一说法和您自己的观点加以对比，“正是这些文化影响是我们邪恶行为中的主要因素……所以我把人类中所有成员看成本质上他们的基本天性是建设性的，只是受到了他们经历的损害。”（Rogers，1981，16 页）

由于我对您怀有的感情和我们之间的长期友谊，要写出这封信是不容易的。但是，恶这个问题是如此关键，我们要把它看清楚说明白是责无旁贷的。因此，我要尽量说明我自己的立场，这不仅是为了我们个人，而且也是为帮助读者去亲自面对这些问题；不仅是为我们自身，而且也是为了儿童和我们未来的世界。我同意艾德蒙特·伯克（Edmund Burke）的说法：“邪恶得逞的惟一必要条件是善良的人们什么都不做。”

1. 除了说明这不是我所指的意思之外，我从不使用 demonic 一词。我的专用词是 daimonic，这是关键性的区别。我从《爱与意志》（*Love and Will*），那本我论述这一话题最多的书中引证过：“daimonic 是每一存在实体内肯定自身、维护自身、繁衍和增殖自身的迫切欲望……这同一肯定的（反面）是使我们创造力得以发挥的力量”（梅，1969，123 页）。

因此，我是在阐明我把人看作一个有组织结构的各种潜能的集合体。这些潜能，在 daimonic 的驱动下，既是我们建设性冲动的也是我们破坏性冲动的根源。如果 daimonic 的驱动整合了个性（据我认为，这就是心理治疗的目的），它就会产生创造力，亦即它是建设性的；如果 daimonic 未被整合，它就可能像在暴力狂怒中，或在战时的集体偏执狂中，或强迫性行为中，或压迫性行为中发生的那样，取代整个个性。这时，结果就是破坏性行为。

在治疗中，我和您都曾见过许多有关青少年的病例。在他们实际上只是试图确立自己的独立性、他们的自信、坚持他们的权益时，被父母指责为是具破坏性的。如果我们和许多治疗专家所做的一样，去削弱 daimonic，那我们就是给我们的当事人帮倒忙了。我相信里尔克（Rilke）是正确的，他曾写道：“如果我的魔鬼（邪恶）要离我而去，我的天使（守护神）恐怕也将插翅而飞。”

情况确是如此，daimonic的概念，正如给创造性提供了根本的原因说明一样，也给邪恶的行为作了原理性说明。这可能就是您把我描写（我想是错误地描写）为是为demonic著文的原因。

2. 在来信中，您承认邪恶环绕在我们四周。您说，“我非常清楚地知道今日世界上存在着无数的具有破坏性、残暴的、深怀恶意的行为——从战争的威胁至街头毫无目的的暴力。”但是您说，您“认为正是文化影响是我们邪恶行为的主要原因。”

这就使文化成了敌人。但是，除了像您我这样的人外，谁构成了文化呢？您写到“我们的教育体制的破坏性影响，我们的财富分配不公的破坏性影响。”但是，除了您我以及像我们这样的人外，谁应对这破坏性影响和不公正负责呢？文化并不是命运所造成而强加在我们头上的东西。

显然，文化既是邪恶之源也是一种有巨大裨益和有用的东西。我们同样也许可以说，我们毕竟有一种教育体制的事实和我们毕竟有一种经济体制的事实，此两者本身就是文化的结果。创造自我需要文化，而创造文化也需要自我；它们构成了人的阴阳。除了在和文化互动过程中，不存在任何自我，也不存在任何由自我构成的文化。

确实，任何一个群体，都凭借它所确立的，因之构成群体的相互期待，对群体内的成员施以影响使其形成一种随波逐流的倾向。但是，这仅是一个因素，它并不能解释，人能个别地和整体地成为战争贩子以及个别的或集体的谋杀者这一事实。我提出我们文化中的邪恶也是我们自己身上邪恶的反映，反之也一样。

您，在另一场合，但也是就这同一主题，曾写道：“明天的人们将是能在这个新世界生存的那些人。这个新世界的轮廓还只是朦胧可见。但是，除非我们将自己毁掉，那新世界正不可避免地到来，并将改变我们的文化”（罗杰斯，1980）。正是这个您视为正在变革的文化也就是您说可能毁掉我们的那个文化。相信核战可能的人中十分之七也即是“明天的人们，”但他们持有完全不同的观点。他们显然不相信一个新世界

“不可避免地”会到来，“并将改变我们的文化”。他们着眼于其他一些事实：他们中一些人意识到仅仅一枚核弹落在芝加哥就可造成20万人的死亡。今年年底，美国将有比年初多2 400吨左右的核爆炸物，价值数10亿美元。诺尔曼·库辛（Norman Cousins，1981）在考虑到这些事实后，声明说：“我们已身陷沉重可怕的无知之中。”我要称其为集体精神病，因它已使我们大家都陷入它的毁灭性的掌握之中。不存在我们的社会将“不可避免地”生存下来，或者如罗马、希腊和埃及那样瓦解的任何预设的理由。他们成员中的“好人”会怎样呢？我们是否生存下来取决于您和我以及千百万和我们一样的人们是否能够并愿意行动起来去改变我们朝向毁灭的发展方向。

文化既好也坏，因为我们，构成文化的人，也既好也坏。我们的文化是部分地具有毁灭性的，因为我们，作为生活在文化中的人，不论我们是俄罗斯人还是日本人、德国人或者美国人，也都是部分地具有毁灭性的。

对于您认为我们正朝其走去的新世界，您曾写道：

“这个新世界将是更有人性和更具人道的。它将探究和开发人的智力和精神的蕴藏和能力。它将产生出更加互相协调的个人和整体……它将是一个对大自然恢复其热爱和尊重的，更为自然的世界……它的技术将以增进人和大自然为目的，而不是榨取人和大自然。随着个人意识到他们的权力、他们的能力、他们的自由、它就会释放出创造力。

科学的、社会的和文化的变革之风正强劲地刮起。它们将把我们笼罩在这新世界里……我们可以选择它，但不论我们是否选择它，看来在某种程度上，它正以不可阻挡之势向改变我的文化前进（罗杰斯，1980，356页）。”

您展示了一副诱人和令人向往的图画，人们都愿意相信它。但我记起了，沃伦·本尼斯（Warren Bennis）在您和他的影片中，当他把您的观点描绘成“极度的天真”时所说的话。

您怎样将您所预言的这个“人性的和仁道的”世界和这个国家里自杀率在过去30年已上升71%的事实协调起来呢？这巨大增长数字中的

大多数就是十几岁和二十岁出头的年轻人；人们怎能对他们说“他们的世界在发掘着他们心灵和精神的丰富蕴藏和能力呢”？一些主要民意调查，在70代初，显示仅五分之一的美国人相信“明年将比今年更糟，”而现在表明55%的大多数被迫采取了悲观态度，这一事实又该怎么说呢？人们怎能对那些人谈论“当个人意识到他们的权力、他们的能力、他们的自由时，这个新世界就会释放出创造力呢”？

在50年代至60年代后期，大多数美国人相信现在优于过去，而将来定会超过现在。到1978年时，这一模式则完全颠倒过来，发生了一个真正的“从乐观到无望的历史转变”（Yankelorick，1981，182页）。这些“明天的人们”并未找到那“增强”他们的“人格和天性”的世界。

我也很想了解，您如何使您的陈述和在耶鲁大学所进行的著名的米尔格兰姆（Milgram，1969）实验相吻合？您记得米尔格兰姆从生活的各个阶层选取了实验对象（他们响应了广告的征选并获每小时4美元酬金）。这个实验的目的，如对每位受试者所说明的，就是要对玻璃隔屏后面的“学习者”进行训练，方法是当他回答错误时，就给他一次电击。但实际上，设计这个实验是为了观察在逐渐增加电压以处罚学习者错误的过程中，人将能承受到多大程度。当受试者们经受这一实验时，米尔格兰姆告知他们他在逐渐增加电压。结果是，超过60%的人情愿将电流开到高达他们知道会使玻璃隔屏那边的人丧命的电压，这令我们读到这个结果的人，也让米尔格兰姆本人震惊。米尔格兰姆写道，他的研究“主要涉及遵守秩序的普通人所进行的一般惯常的破坏”。米尔格兰姆指出，他的结果与卡利中尉（Lt Calley）因越战在My Lai的行为受审时所揭露出的事实相类似，当时在卡利中尉的命令下，美国兵蓄意残忍地屠杀了妇女、儿童和老人。

您又怎样对待菲利普·津巴多（Philip Zimbardo，1973）在斯坦福的“监禁”实验呢？您会记起来，津巴多和他的助手们将他的心理学班的学生们分成“警卫”和“监犯”，并要他们在一大楼的地下室度过计划持续两周的囚禁期。他发现“监犯”开始辱骂“警卫”，警卫也回骂并用棍棒打监犯。这真实的暴力发展到如此危害严重的地步，津巴多在惊讶和恼怒之下，不得不提前一周终止了这项实验。

这些学生原先彼此并无特殊的敌意。他们和您我以及我们的同事们一样，都是中产阶级的人。他们肯定符合您“明天的人们”的范畴。但是，他们具有一种破坏力。这种力量，虽无大的挑衅激惹，却已成为一种由行动发泄的邪恶。菲利普·津巴多和史丹利·米尔格兰姆一样，是一位有才干的心理学家。他只是试图在人身上找到破坏和自控的可能性。

是的，文化无可否认对我们施加着强有力的影响。但是，如果这些倾向不是已经存在于我们之内，文化就不可能发挥这些影响。我再说一遍，是我们构成了文化。当我们把我们的趋恶倾向投射到文化上时——如我们在抑制 daimomic 时所做的一样——这邪恶就成为文化的过失，而不是我们的过错。这时，我们就体验不到我们自己的邪恶应承受的，对我们自恶的打击。

如果您得出结论，引起烦恼的事在于人是如此的易受他们文化所施加的影响，如此顺服于他们所得到的命令，如此的顺应于他们的环境，那么，您就需要对人身上的邪恶作出最犀利的判断。在这种情况下，我们都是绵羊，依赖于任何一个是牧羊人的人；弗雷德利克·斯金纳是对的。但是，我想您不会相信那种观点，我也不相信。

真的，我能够举出许多英雄事件和利他主义的行为，如同最近在哥伦比亚特区，首都华盛顿发生飞机失事后所出现的那样。我不是在论证人只是恶。我是要说明我们是恶和善两种潜能的组合物。

3. 让我们在自己的专业领域，即心理治疗的领域，来谈谈邪恶问题吧。您将会记起来，大约 20 年前，您自己在威斯康星州，麦迪逊市退伍军人管理局医院，对精神分裂症患者所实施的以当事人为中心治疗法的重要实验（Rogers，Hendlin，Riesler 和 Truax，1967）。您也会记起来，我曾被选为 12 位有经验的并正式执业的治疗专家之一，作为鉴定人对那次治疗做出评价。

在聆听了您送给我的录音磁带后，我曾报告过，虽然我觉得该疗法总的来说是好的。但是，有一个显眼的遗漏。那就是以当事人为中心的治疗专家对付不了（或者，不能对付）当事人的愤怒、敌对、消极的——亦即邪恶的）情绪。结果表明，其他鉴定人都大体上指出了相同的问题。我曾从您和您的同事们所写关于整个实验的书面总结中作了如下引证：

特别引人注目的是理论工作们所做的观察，即以当事人为中心的治疗过程，都避而不用那些对消极、敌对或暴躁好斗的情绪表示容忍耐心的，预期通常会用的词语。这清楚地暗示，当事人中心治疗专家，由于某种理由，似乎不大慷慨大方地接受消极、敌对或暴躁好斗的情绪。是不是治疗专家们不尊重，或不了解他们自身的消极、敌对、或暴躁好斗的情绪，从而就不能接受发自于当事人的这些情绪呢？他们简直就“不相信”消极情绪的重要性吗（Rogers et al.，1967，503 页)?

您的一位学生，纳撒尼尔·拉斯金（Nathaniel Raskin，1978，367 页），曾引用我的报告，因为那个报告在该书中曾被讨论过。

罗洛·梅（Rollo May），作为威斯康星（Wisconsin）研究的外来专家之一，“有时在那房间里并不存在两个人的感觉……滥用反射技术的一个后果……（是）我们仅得到一种含糊不清的认同，而不是在一个两人都参与的，显露出爱和恨、信任和猜疑、冲突和依赖，以及能够被理解和同化的世界里相互作用的两个主体。”梅关心的是，“治疗专家和患者的过分认同可能剥夺患者凭其自身权利的主体体验其自我的机会，采取反对治疗者立场的机会，体验在人际世界里存在的经验的机会。”

事实尽管是，“以当事人为中心的治疗专家们，不论个别还是集体地，都主张在治疗关系中要实行开放和自由，”但外来鉴定人员却认为事实上是治疗专家的严肃和控制的性格，使其自身封闭起来，他们只注重自身的许多经验和患者的体验。

这位学生，后来凭自己的实力成为一名治疗医师的，对自己的经验补充了某些说明。我意识到，我们的学生在以他们自己的方式进步发展，您和我都不可能对他们是有功可言的。但是，拉斯金对他自己经验的评论（1978，366 页）与这里的议题是如此有关，我得请您允许我引证：“我使用了以当事人为中心的治疗专家的早期概念以增强对我发怒和好斗性等的抑制。那时，我得到了一些反馈，由于我是那样的拘谨，人们很难向我说出一些不文雅的事情，同时，人们也不易对我发怒。”然后，他继续说，他需要在以当事人为中心的方式内，寻找一种新的方法去接纳我称之为“消极、敌对、暴躁好斗情绪”的其他异常表现。

我觉得在治疗中患者能够持和我这个治疗者对立的立场是很重要的。这和拉斯金（Raskin）的话完全一致。他意识到，当他“太拘谨，太和其他人认同一致时，他就在从患者身上夺走某种东西。”他所夺走的就是患者成为独立自主的可能性。患者的发怒是他们坚持迈向个人心理健康动机的重要组成部分。治疗专家的发怒，是在帮助患者体验他们的行为在总的人际关系中有什么影响方面，也是一种有力的促进。

这意味着恶的各个方面——发怒、对治疗者的仇视、破坏性——都需要让其在治疗中暴露出来。个人的自主并非通过回避邪恶来达成，而是通过勇于直接面对它而实现。治疗专家们需要能够觉察并承认自己的恶——仇视、攻击、发怒——如果他们能够看到并接受当事人身上经历的话。

我完全乐意相信，任何人坐下来和您度过一小时的治疗时间，而不永久地受到影响，是不可能的。但是，每位患者确有毁掉他自己或她自己的可能性。有些患者，不论您和我给他们花多大力气和多么好地为他们服务，仍将毁掉他们自己。您在说到，您给芝加哥一位患精神分裂病的妇女治疗中，所遇到的麻烦时，就说明了这一点。

4. 我要回到不可避免的文化变革问题上来。您写道，这个您所描述的“新世界”正在不可避免地到来，后来，您又说，这个新世界正“坚定不移地朝向改变我们的文化方向运转。”您怎能如此肯定呢？有不计其数的事态场面，可以被写作为对我们未来的预言。那些自杀的人，上面已经提及，生活和死亡在完全不同于您所描述的场景的人；而民意调查表明，我们国家的大多数公民发表着非常不同的预测。我所认真列举的事态是那些既呈现人类发展中的善，又呈现其发展中的恶的场面。

您还写道，“我们可以选择（这种文化变革），但不论我们是否选择，它将仍旧发生。”您的意思是不是说，无论我们对它采取什么行动，它都将发生呢？这听起来，又很像弗雷德利克·斯金纳的话：不管我们愿意与否，环境将迫使我们进入到这壮观的新世界中去？

和斯金纳的观点一样，您的不管我们人对其采取什么行动，这个世界都会到来的说法会挫伤社会活动的锐力。我很清楚意识到的一种危险是，由于人们受到对未来美好预言催眠般地蛊惑，便得出结论：他们无需付出任何努力，就可高枕无忧，什么都可不干。埃德蒙·贝尔克（Edmand Burke）说得非常好，这就是邪恶制胜的最猛之道。

除了即将发生的核战之外，还有无数急需我们注意和付出精力的议题。粮食短缺和饥饿问题就是一例。1980 年，世界饥饿委员会声明，我们这颗行星上营养不良的人数比以往任何时候都多。这个数字，还在继续增加，随着可能获得的粮食减少，到 2000 年时，将接近于恐慌的程度。这其中包括几十万正受饥饿的儿童，以及数百万每晚饿着肚子去睡觉的人们。这包括那些沿街徘徊的父亲们，他们的自尊受到伤害，因为他们不能找到工作。这也包括那些只能眼巴巴看着她们的孩子们挨饿的绝望的母亲们。

如果我们真的能到达一个新世界，它应首先解决这些问题。如果不能，我们就不会有您所预见即将到来的那个新世界。

5. 在《爱与意志》一书中，我也曾写道：

它（the daimonic）构成了对我们的自恋癖的深重打击。我们是“正派的”人，像苏格拉底时代雅典有教养的公民一样，不管我们私下里是否暗自承认，我们不想被人公开地提醒，甚至在我们的爱情中，我们的动机也是渴求权力、发怒和报复。虽然 daimonic 本身并不能说是邪恶的，但它使我们面临一个棘手的两难窘境，即是要明智地、怀着责任感和重视生活意义地，还是盲目地和轻率地去利用它……当 daimonic 被抑制时，它常常以某种形式爆发出来——它的极端形式就是暗杀，精神病折磨以及其他在我们国家大家极其熟知的种种恐怖。

“我们虽然可能因恐惧而退缩，”英国精神病医师，安多尼·施多尔（Anthony Stors）写道，“当我们在报纸上或历史书中读到人对人所的暴行时，我们心里都清楚知道，我们中的每个人身内同样都藏匿着那些导致凶杀、折磨和战争的残暴冲动（May，1969，129 页）。”

我要为对待人性邪恶的现实态度进言表示支持。一位同事告诉我，当您在密歇根（Michigan）和马丁·布贝尔（Martin Buber）讨论时，您说过，“人基本上是善的，”而布贝尔回答说，“人基本上是善的——同时也是恶的。”我认为，不论那恶与我们的自以为是有多大的抵触，我们都应把恶的观点包括在我们的世界之中以及我们自身之内。

当我们能对付这邪恶时，这时，也仅在这时，我们所说的关于善一切才会有力和中肯。这时，我们才能以真正能影响我们文化的方式说话，和我们在治疗室看到的那极少数人形成鲜明的对照。

您和我曾多次认定，在与命运和文化的相互关系中，人作决的能力，维护一定选择自由的能力，在某种程度上，是独立自主的。这些能力加给我们一种额外的责任去现实地确认相关的焦虑，这种自由的不可靠和受限制的性质以及确认这样一个事实，即我们对人的信心，只有当个人能面对这一具有其一切内在和外在残暴、失败和悲剧的世界时，才能长远地发挥作用。

恶的争议——确切地说，不正视恶的争议——也和我的想法相反，对人本主义心理学有深刻的影响。我认为那是人本主义运动中最重大的错误。如此，扬克洛维奇（Yankelovich，1981），在其《新规则》（*New Rules*）一书（该书所论是像您和我这样一些与明天的人们有关的）中，就可以说，人本心理学是我们文化的自我陶醉（自恋）。我认为他是对的。有自恋癖的人都是些性格内倾而不外向的人。他们是如此的沉湎于自爱之中，以致佯作看不见自身以外的现实世界，也不能和他们自身以外的现实，包括其他的人们建立关系。一些参加并领导人本主义运动的人这样做，目的是为了寻找一个安全地带，一个避风港，一个对我们周围的邪恶视而不见而兴趣相投的人们的社区。至于我个人，决意成为少数的一员。这个少数人的目标是要寻求使人本心理学协会成为一个承诺积极面对我们自身之内的，我们社会之中的和我们世界的善与恶争议的机构。

根据我的体验，我们人的一生从摇篮到坟墓的艰辛历程，在我们看到并确认了人的这种既善也恶的潜在可能性之后，就具有了强烈刺激的、迎接挑战的、呈现魅力的性质。我们经历的喜悦，作为其另一极端，将具有骄横自恃，仇视敌对以及我一直谈到的种种消极（负面）的可能性。在我的经验中，正是这种对立的极端，这种辩证的互动关系，这种积极和消极之间的摇摆不定，给人的生活提供了动力和深度。对我来说，生活不是一种要按某种善的预设模式生活的要求，而是经过多少世纪，从我们每个人都能把人生杠杆推向善或者推向恶的这一事实传承下来的一种挑战。据我看，这似乎需要那早已存在的宗教真理：仁爱和宽容，而（在这点上，我相信，您会同意我的意见的）它并不给道德优越性和唯我正确留有空间。

我记起来，在20世纪30年代中期，我年轻的时代，我在中西部一所大学谋得一个辅导员的职位。该校学生中，那些勇于发表意见的人都是和平主义者。我们信赖国际联盟，同时我们也确信，为了让世界享有和平，我们只需制止战争。我还记得，当时一位教授说必将发生另一场战争，我们眼瞪着他，就好像他是一个贱民。我和我的同事们当时该是多么错误！我们甚至不能相信，我们在报纸上读到有关在德国犹太人受迫害的报道，就像今天的人们不能相信，他们在报纸上读到有关核弹新闻一样。这个故事的要害是希特勒利用了我们崇高而非现实主义的理想。我认为正是这一点促成或至少加速了第二次世界大战。这就是我之所以在《爱与意志》中写道："不承认恶魔本身结果却成了恶魔；这使我们成了破坏性恶魔附身的兼职同伙"（梅，1969，131页）。

我并非在预言世界末日。但我是在说明，如果我们忽视邪恶，我们就会更趋近世界末日，而结果就很可能是邪恶的蔓延和凯旋。

我不是悲观主义者。不错，我相信悲剧，像莎士比亚、尤金、奥尼尔（Eugene O′neil）及其他人所描述的，因为我把悲剧理解为是对人存在的高尚的揭示。没有悲剧，生活就会是毫无生气的、无趣的和平淡的。在和我的一些所谓乐观主义的朋友们交谈中，当我注意到，我们一开始认真谈及这样一类基本议题，如原子战争，或未来的食物短缺，或我们这颗行星很可能在有限的年月里会被摧毁的事实时，他们的乐观主义结果是他们绝望的一种反向形成，而我结果比他们更充满希望。据我看，这是因为人需要有自己的人生哲学，不论我们的活动有何种失败或一时的绝望，都能巍然不移。

所有这一切有助于再一次说明，乐观主义和悲观主义两个词语指的是人的领悟状态，而与真实情况无任何关系。

亲爱的卡尔，我怀着对您和您过去为我们大家所做贡献的深深敬意写这封信。如果信中话语有激烈之处，那是因为我的信念坚定。

您的，

罗洛·梅

卡尔·罗杰斯给罗洛·梅的回复

亲爱的罗洛：

汤格宁（Tom Greening）已将您讨论恶及恶行的雄辩而博学的信送交给我。您缜密思考的分析和论证将激发起许多的有益思考。对此我谨表赞赏。

不幸的是，您的资料在我起程赴欧前夕才到，而我回来时，编辑的截稿期限又将界满。因此，这封信只能是匆匆作复，不可能涉及您所提出的全部议题。

我想先就您信中的几个次要问题，即我对其明确的问题，进行讨论。

当您说到曾为人本主义心理学所助长的自恋癖以及多少人“沉湎于自我怜爱”之中时，我要大声地说明白，“真实的情况并非如此!”但我的经验仅限于我的特定的人本心理学和哲学论及过的当事人和群体（人群）。在那些群体中，我根本就不曾看到过有害的自恋癖出现，当然也未曾见到有过分的自我怜爱的现象发生。如果这些特征在人本主义运动的其他方面出现过，我也不曾接触到。我了解，这是完全可能的，因为我与人本主义运动的其他方面没有密切的接触。

在我有过接触的群体中，实际情况是完全相反的。这类群体常会产生一种具有现实性质的社会行为。作为社会狂热者踏入社会的个人会变得更现实得多，但他们仍必须有所作为。对社会问题尚不甚了解的人变得更为懂事，同时在那些有争议的问题上，又进而采取切实可行的行动。关于这一点，我们在“交心”治疗小组和讲习班上都有大量的证据。非理性的愤怒和暴力有时得到了平息，而较为现实的一类行为增多了。

在这一点上，一个有趣的个人证据是：当我收到您这封公开信时，我正在为一份关于核战以及采取何种行动予以防止的非常强硬的声明作最后润色。我正采取反对我们政府政策的立场，因为我觉得政府的该项政策使得核战更为可能。这只是这一事实的一个例子，即我们在这么多的方面意见一致，而要确切地指出什么地方有分歧又很困难。我确信我们俩都在采取力所能及的行动以防止核战这可怕的灾祸。

最后，您谈到了像我自己这样的人以及以当事人为中心的治疗法，总的说来都未能做到承认和接受愤怒、敌意和各种消极情绪，并对这些情绪，特别是对那些针对治疗者的上述情绪，作出回应。我想在那已经遥远的过去，在某种程度上，我确是如此，不过，我也曾分开过我处理治疗中对我表示强烈敌意的案例。在精神分裂症的研究工作中，我从来就未完全同意过局外评论者们的意见，他们说我们作为一个小组回避或逃避消极（负面）的或敌对的反应。我必须承认那些评论者们可能是正确的。无疑近年来，我觉得对这类态度我已作出了更适当得多的反应。影片《卡尔·罗杰斯给个人的忠告：愤怒与痛苦》，其中相当多的部分发表在《综合精神病学读本：3》上（1980），表明我既对愤怒，也对已发现潜在于发怒之下的痛苦，作出同情反应。我相信，我已学会接受对我个人以及其他人的生气和发怒。您所说的可能有些道理，以当事人为中心的治疗专家们对这类情绪都有不接受或不回应的倾向。如果是这样，对此，我和您同样深表遗憾。

现在，我想转到这个更为根本的议题。您似乎从来不曾关心人内心的邪恶冲动是否是遗传和与生俱来的，或是否是出生后获得的。在我看来，邪恶冲动的来源，从哲学角度看，是非常关键的。我想尽量说明我的理由。我觉得人寻求实现的倾向是与生俱来的。在这点上，人和所有其他生物是一样的。我能断定它是存在的。它可能以异乎寻常的和不大起眼的形式出现。我曾举出地下室贮藏箱内的土豆为例，它以微弱的力量向上吐出嫩弱的白芽，以接触光照。对于穷困的贫民窟青年我也有同感，他们通向自我发展的唯一途径就是成为他那帮伙中最大的劫匪或最大胆的窃贼。我对好转缓慢的精神病患者的态度也是相同的。但基本的自我实现倾向还是朝向自我才能发挥的方向发展。

在我的经验中，还不曾发现任何这种天生的趋向破坏、趋向邪恶的倾向。我不能肯定这个个人正有意无意地去奋力实现一种邪恶的天性。我也没有在动物身上发现这一点。然而，有一个在我的记忆中挥之不去的很少例外情况。我看过一个描写非洲野狗的电视节目。一只母狗忌妒另一只母狗。当这第二只母狗不在它的窝里时，第一只母狗便进入窝中，搬走它的崽仔并将其杀死。它日复一日地这样，直至所有狗崽全部被杀掉。我当时的震惊还记忆犹新，因为这与动物的特性是如此的相悖。它们厮杀，但正常情况下仅是为了实现他们自己需要的目的。我猜想您会觉得人性中的总倾向是一种二元倾向，既倾向于创造性的发展也趋向于破坏性的恶行。除了我刚提到的那个例子之外，我发现那并不是对动物行为、植物行为或人类行为的写真。如果那些促进发展的要素存在，其倾向就以积极的方式向前发展。在人类，这些生长发育的要素并不仅是营养物等，而且也包括心理态度的环境气氛。

这样，如此明显存在于我们尘世的恶行，我怎能予以解释呢？根据我的体验，每个人都有干恶劣行为的能力。我以及其他的人们都曾有过凶杀和残暴的冲动，伤害的欲望，生气和暴怒的情绪，以及把我们的意志强加于人的欲望。要好好记住的是，比方，我也有呕吐的能力。我或任何其他人是否把这些冲动转化为行为，据我看，取决于两个要素：社会熏陶和自愿选择。我们或许可用希特勒作个例子。他的早期生活和社会环境，使得他很自然地想要成一个大人物，成为一个对那些他认为应对他的屈辱负责的人们充满仇恨的领袖，从而来实现他的抱负。但是，除此之外，在类似灭绝犹太人的行为中，他对之负责的个人自愿选择也是非常真实的因素。

我相信，至少在理论上，一切邪恶行为都是由不同程度的这些适宜的环境因素造成的。

我得承认，关于某些邪恶行为，还有大量情况，我不甚了解。米尔格兰姆（Milgram）和津巴多（Zimbardo）所做的实验对我是个令人震惊的困惑。米尔格兰姆的受试者一定受到过我们顺从教育的影响，而津巴多的受试者受到过我们偏见训练的影响。但是，我得同意您的看法，那些说法看来不大像是适当的解释。

您相当详细地谈到了我认为正向我们这个世界走来的变革。在这方面，我深受普里高津（Prigogine）这类人的思想影响。当今我们社会内以及我们这个世界上的种种混乱，在我看来，都预示着一场不可避免的社会变革正在到来。在化学中，我相信也在我们的文化中，这些混乱的极致会导致一种较高层次秩序的重组。谈到明天的人，我想您完全误解了我对那种人的描述。我是在读那些在已变革的世界上能适于生活的人，并不是指一般的人。虽然我相信变革是不可避免的，但除非我们大家为这种变革贡献最大的努力，它就肯定不会是一种对全社会的建设性变革。我想，在这点上，我们能取得一致。

奇怪的是，在一个次要的问题上，我认为您太过乐观。您两次谈到，我们的文化，和希腊罗马文化一样，在退化或在解体。我认为那是一种可能的局面，但是，如果我们遭受一场核战争，那就不会是将要发生的场面了。在那样的情况下，我们的文化将完全彻底消亡，那就不只是什么退化或解体了。

罗洛，您提出了许多深奥的观点，而这封信，我清楚知道，只是一封匆匆的，很不相称的回复。我希望人们在这两份往返的书信中能被激发去做建设性的思考。

正如我在我早期发表的关于您的讲话中所说的，您曾是人本主义心理学的一位主要撰稿者，对此，我向您表示深深的敬重，并谨致诚挚的问候。

您真诚的，

卡尔·罗杰斯

图书在版编目（CIP）数据

卡尔·罗杰斯：对话录/（美）基尔申鲍姆，（美）亨德森编；史可鉴译．
北京：中国人民大学出版社，2008
（当代世界学术名著·心理学系列）
ISBN 978-7-300-10000-5

Ⅰ．卡…
Ⅱ．①基…②亨…③史…
Ⅲ．罗杰斯，C. R.（1902～1987）-访问记
Ⅳ．K837.125.1

中国版本图书馆 CIP 数据核字（2008）第 183244 号

当代世界学术名著·心理学系列
主编 李绍昆
卡尔·罗杰斯：对话录
［美］霍华德·基尔申鲍姆 瓦莱丽·兰德·亨德森 编
史可鉴 译

出版发行	中国人民大学出版社		
社　址	北京中关村大街 31 号	**邮政编码**	100080
电　话	010－62511242（总编室）		010－62511770（质管部）
	010－82501766（邮购部）		010－62514148（门市部）
	010－62515195（发行公司）		010－62515275（盗版举报）
网　址	http://www.crup.com.cn		
经　销	新华书店		
印　刷	天津中印联印务有限公司		
规　格	155mm×230mm　16 开本	**版　次**	2008 年 12 月第 1 版
印　张	13.75 插页 3	**印　次**	2023 年 9 月第 5 次印刷
字　数	182 000	**定　价**	48.00 元